세상에서 제일 예쁜 엄마

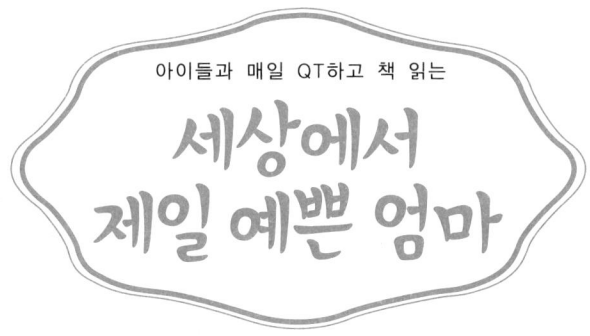

아이들과 매일 QT하고 책 읽는
세상에서 제일 예쁜 엄마

이효진 지음

규장

저자의 말

하나님 말씀대로 키우기

저는 2008년 2월 25일에 성령님을 만났습니다. 그날의 감격과 은혜를 잊을 수가 없습니다. 제가 성령 안에서 다시 태어난 날이기 때문이지요. 그 크신 은혜가 감사해서 제게 있는 가장 소중한 생명을 하나님께 드리겠다고 약속했습니다.

'하나님, 마음껏 쓰세요. 저를 드립니다!'

하나님께서는 기도를 기쁘게 받으시고 제 약함을 자랑할 수 있는 사명의 길로 이끄셨습니다. 그 길을 기쁨으로 가다 보니 배우자와 어여쁜 자녀들을 선물로 받았습니다. 그리고 '아내'와 '엄마'라는 새로운 직분도요.

아이들을 키우면서 엄마라는 직분이 정말 귀하며, 하나님의 자녀로 키워낼 수 있는 특권임을 깨닫게 되었습니다.

엄마의 직분을 부여받은 지 이제 7년째입니다. 아직 유아기도 지나지 않은 아이들을 둔 제게 규장의 여진구 대표님이 자녀교육에 대한 책을 쓰라고 제안하셨습니다.

여전히 헤매고 있는 제게 이 제안은 너무나 당황스러웠습니다. 그래서 "기도해보겠습니다"라는 말만 간신히 하고는 엄두조차 내지 못하고 있었지요. 그런데 "하나님께서 이 책을 통해 영광받기를 원하십니다"라는 대표님의 전화를 받고 순종하기로 했습니다.

어차피 아이를 주신 분도, 자라게 하시는 분도 하나님이시고 저는 그저 청지기일 뿐이기에 그분이 주신 지혜를 있는 그대로 나누기로 마음먹었지요.

모든 제품에 매뉴얼이 있듯이 우리를 창조하신 하나님께서도 '성경'이라는 말씀 매뉴얼을 주셨습니다. 그리고 친절하신 성령께서 제가 그동안 먹어둔 말씀을 삶의 어려운 순간마다 생각나게 해주셨습니다.

　까다롭고 어려운 제품일수록 매뉴얼을 제대로 꼼꼼하게 읽어봐야 합니다. 마음대로 사용하다가는 금방 고장이 나기 때문이지요. 아이들마다 하나님께서 주신 달란트와 성격이 모두 다릅니다. 그래서 아이들을 창조하신 분의 말씀대로 키우기로 결심했지요.

　　오늘 내가 네(엄마)게 명하는 이 말씀을
　　너는 마음에 새기고 네 자녀에게 부지런히 가르치며
　　집에 앉았을 때에든지 길을 갈 때에든지
　　누워 있을 때에든지 일어날 때에든지
　　이 말씀을 강론할 것이며
　　신 6:6,7

　하나님께서는 먼저 엄마에게 말씀을 새기라고 명령하십니다. 그리고 그것을 자녀에게 부지런히 가르치라고 하십니다. 이 책은 그 말씀대로 키워 보고자 애쓴 7년간의 기록입니다.

아이들 때문에 많이 행복했고, 많이 웃었습니다. 아이들이 빨리 크는 게 아쉽고, 다시 오지 않을 하루하루가 너무나 소중합니다. 엄마가 제게 '예수님'을 최고의 유산으로 물려주고 가신 것처럼 저도 그런 엄마가 되고자 부지런히 말씀을 가르치고 있습니다.

저를 사랑하시는 하늘아버지께서 버려진 돌과 같은 제 인생을 보석처럼 다듬어주셨지요. 저는 그분을 100퍼센트 신뢰합니다. 그리고 아직은 원석인 제 아이들도 보석으로 다듬어가실 것입니다. 그 일을 행하실 것을 믿습니다. 우리가 자녀들을 하나님께 맡기고 그분의 뜻대로 양육한다면 이 땅을 정복하고 다스리는 하나님의 용사로 키워주실 것입니다.

책을 통해 남편과 아이들을 만나게 해주신 여 대표님께 진심으로 감사드립니다. 사랑과 희생으로 아이들을 3년 동안 키워주신 시어머님께 감사와 존경을 전합니다. 늘 중보해주는 시댁과 친정식구들에게도 감사를 전합니다. 그리고 제 머리인 남편에게 진심으로 감사와 사랑을 전합니다. 부족한 엄마에게 더 많은 사랑과 기쁨을 주는 아이들에게도 고맙습니다.

"예린아, 주원아, 엄마가 많이 사랑해. 축복해. 고마워!"

마지막으로 '저를 밥그릇처럼 마음껏 쓰세요'라고 드린 제 기도에 신실하게 응답하시어 약함을 자랑하는 미스 헤븐에서부터 엄마의 사명에 이르기까지 다양하게 사용해주시는 하나님께 감사와 찬양을 올려드립니다.

"하늘아빠! 정말 많이 사랑합니다!"

이효진

저자의 말

1부 믿음이 예쁜 엄마

1장 최고의 유산 15

예수 그리스도를 물려주신 엄마 · 자녀를 위한 눈물의 기도 · 고난 속에서 예수님을 만나신 엄마 · 여호와를 경외하고 이웃을 사랑하는 삶 · 부부 사랑의 모범 · 있는 모습 그대로 받아주는 사랑 · 슬픔 대신 웃음을 · 칭찬과 인정의 말 · 미스 헤븐에서 엄마로의 부르심

2장 예비하신 하나님의 선물 39

배우자기도와 함께 시작된 자녀기도 · 미래의 아이를 위한 기도 · 첫 번째 선물 · 누가 아이를 키워야 하나요? · 두 번째 선물 · 사랑해, 축복해, 고마워! · 육아보다 중요한 것

2부 마음이 예쁜 엄마

3장 엄마여서 감사해 69

연습 없이 시작된 엄마 · 엄마의 양육이 먼저다 · 일하는 엄마의 죄책감 · 사립유치원 내려놓기 · 욕심 많은 엄마 · 엄마, 예쁘게 말해! · 세상에서 제일 예쁜 엄마 · 나는 엄마입니다

4장 하나님의 지혜로 하는 육아 95

매뉴얼대로 키우기 · 낭비하면 안 돼요 · 예수님이 내 마음속에 있어요 · 기도하는 아이로 키우기 · 하나님 다음으로 사랑해 · 감사 훈련 · 자녀들이 싸울 때 · 친구와 갈등이 있다면 · 너희 자녀를 위해 울라 · 체벌을 통한 순종훈련 · 또 다른 사랑 · 군기반장 아빠 · 아이가 짜증부릴 때 · 내 아이의 사랑의 언어 · 실수해도 괜찮아 · 엄마 때문이야 vs 나 때문이야 · 아이 앞에서 비난 금지 · 자랑 금지 · 얼굴보다 마음이 예뻐야 해 · 자존감 키워주기

3부 생각이 예쁜 엄마

5장 매일 QT하는 아이들 155

QT로 배운 한글 · 엄마와 함께하는 QT

6장 한 손에는 성경을, 한 손에는 책을 179

거대한 사교육 속에서 자녀 키우기 · 책육아의 주의사항 · 책 읽어주는 엄마 · 말씀과 지식 · 책 읽는 습관 길러주기 · 책과 친해지는 인테리어 · 좌절감 주지 않기 · 아이들에게 꿈을 주는 책 · 책은 가장 재미있는 장난감 · 공룡에서 확장된 지식체계 · 책을 통해 성경적 가치관 심어주기 · 만 권 독서의 힘 · 스마트폰은 안 돼요 · 공부해서 남 줘야 해 · 공부가 다는 아니다

1부
믿음이 예쁜 엄마

엄마로서 제 사명은
아이들에게 예수님을 전하고,
이 땅에서 하나님의 용사로 길러내는 것입니다.
그 거룩한 부르심의 자리로 이끄신
하나님께 감사드립니다.

예수 그리스도를 물려주신 엄마

하나님께서 제게 주신 가장 큰 선물은 바로 제 '엄마'입니다. 화상 입은 얼굴과 상처 입은 마음을 가진 아이를 양육할 수 있는 최고의 엄마를 주셨지요.

만약 엄마가 아니었다면 지금의 저는 존재하지 않았을 것입니다. "여자는 약하지만 엄마는 강하다"라는 말이 있듯이 엄마는 너무나 약해 보였지만 실상은 강한 분이셨어요.

엄마는 네 자녀 중 세 자녀가 아픈 고난을 통해 예수님을 만나셨습니다. 더욱이 제 얼굴 화상 흔적으로 인해 많은 어려움을 당하셨지요. 너무 힘이 들 때면 제 얼굴을 보며 "효진아, 같이 죽자"라고 할 정도로 절망한 적도 있었지만, 하나님을 만나면서 그분의 은혜로 힘을 얻으셨습니다.

엄마는 이 세상 누구보다 강하셨습니다. 울고 싶어도 울 수 없고, 절망하고 주저앉고 싶어도 그럴 수 없었기 때문이지요. 아픈 자녀들 앞에서 무너진 모습을 보일 수 없어서 다시 일어나서 자녀들을 보호하셨습니다.

엄마는 저뿐만 아니라 오빠 때문에도 마음고생이 심하셨습니다. 오빠는 태어날 때부터 몸이 약했으며 질병으로 여러 번 죽을 고비를 넘겼습니다(지금은 건강을 회복하여 하나님의 일을 하고 있습니다).

엄마는 자녀에 대한 걱정과 염려로 예수님이 말씀하시는 팔복의 가난한 심령과 애통한 마음을 갖게 되셨고, 천국을 소유하게 되셨습니다.

> 심령이 가난한 자는 복이 있나니
> 천국이 그들의 것임이요
> 애통하는 자는 복이 있나니
> 그들이 위로를 받을 것임이요
> 마 5:3,4

가난한 마음에 '복음'의 씨앗이 심기자 엄마는 하나님의 말씀과 은혜로 네 자녀를 양육하셨습니다. 그런데 다른 형제들은 예수님을 자연스럽게 영접했지만 저는 비뚤어진 마음 탓에 그것이 쉽지 않았습니다.

저는 '내가 다칠 때 하나님께서 지켜주지 않으셨다'라는 생각에 하나님을 원망하며 살았지요. 하지만 엄마로 인해 결국은 예수님을 만나게 되었습니다. 엄마가 교통사고로 돌아가시고 나서 엄마의 유언을 따라 하나님께로 돌아온 것입니다.

  엄마의 고난도 축복이었고, 제 고난도 사실은 고난이 아니었습니다. 예수님이 오시는 길을 예비하는 축복이었지요. 엄마가 제게 유일하게 물려주신 유산은 바로 예수님이셨습니다. 제게 최고의 유산을 남기고 천국으로 떠나셨습니다.

  엄마는 우리집에 보냄 받은 '엄마'라는 이름의 선교사였습니다. 그 사명을 다하고 천국으로 가셨습니다. 남편과 네 자녀가 모두 예수님을 만나도록 하시고 가셨지요. 비록 세상이 알아주는 선교사가 아닐지라도, 이름도 없이 빛도 없이 한 가정에 복음의 뿌리를 내리고 눈물의 기도를 뿌리고 가셨습니다.

  왜 천사 같은 엄마가 끔찍한 교통사고로 돌아가셔야 했는지 당시에는 납득이 가지 않았지만 예수님을 만나고 나니 이해가 되었습니다. 당시 제게 엄마는 하나님과 같은 존재였습니다. 엄마가 기쁘면 저도 기쁘고, 엄마가 슬프면 저도 슬펐지요. 그래서 엄마를 기쁘게 해드리려고 공부를 열심히 하고, 회사에도 다녔습니다.

  당시는 하나님 없이는 살 수 있어도, 엄마 없이는 살 수 없었습니다. 그래서 하나님께서 제 마음에 들어오실 자리가 없었어요. 제게는 험하고 무서운 세상 가운데 엄마 품이 가장 좋았고, 힘들 때마다 엄마의 위로를 통해서 큰 평안을 느꼈습니다.

그런 제 구원을 위해 하나님께서 베푸신 제 인생 최고의 사랑이 바로 엄마의 사고였지요. 그로 인해 제가 예수님을 만났기 때문입니다. 엄마는 돌아가셨지만 제게 복음의 씨앗을 심어주셨기에 천국에 가셨어도 이 땅에서 많은 열매를 맺고 계십니다.

내가 진실로 진실로 너희에게 이르노니
한 알의 밀이 땅에 떨어져 죽지 아니하면
한 알 그대로 있고
죽으면 많은 열매를 맺느니라
요 12:24

그토록 아름다운 삶을 살다 가신 엄마를 천국에서 만날 날을 기다리고 소망하며 엄마에게 부끄럽지 않은 딸이 되기 위해 늘 노력합니다.

자녀를 위한 눈물의 기도

예수님이 십자가의 길을 가시는 중에 그분 때문에 슬피 우는 여인들이 있었습니다.

예루살렘의 딸들아,
나를 위해 울지 말고
너희와 너희 자녀들을 위해 울어라

눅 23:28, 현대인의성경

이는 2천 년 전에 엄마들에게 주신 예수님의 말씀입니다. 자녀의 구원을 위해 애통해하며 울라고 하셨습니다.

엄마는 자녀를 위해 정말 많이 우셨습니다. 아픈 자녀가 셋이나 되었으니 얼마나 많이 울면서 기도하셨을까요. 그리고 방과 부엌이 딸린 작은 구멍가게에서 새벽부터 밤까지 일하셨습니다. 무척 피곤했을 텐데도 새벽기도를 다녀와서 찬송을 흥얼거리며 일하시던 모습이 눈에 선합니다.

이 땅에서 엄마의 마지막 기도는 믿지 않는 제 구원을 위한 것이었습니다. 저는 교회 사모님을 통해 구역예배 시간에 나눈 엄마의 마지막 기도제목을 듣고 마음이 너무나 아팠습니다. '왜 살아계실 때 소원을 들어드리지 못했을까?'라는 후회가 몰려왔지요.

결혼해서 자녀들을 낳고 청개구리에 대한 동화를 아이들에게 읽어주면서 마치 저를 보는 것 같았습니다. 청개구리가 엄마의 마지막 유언을 지킨다고 무덤에서 슬프게 울었던 것처럼 저도 엄마의 유언을 지키려고 교회에 갔습니다. 그리고 예배시간에 펑펑 울었습니다.

엄마는 자녀양육에 뛰어난 분은 아니었습니다. 먹고 살기도 바빠서 제게 책 한 권 읽어주시지 못했지요. 하지만 어떤 위대한 양육보다 더 값지고 보배로운 기도의 눈물을 저를 위해 흘려주셨고, 지금 제가 그 기도의 열매를 보고 있습니다.

엄마는 돌아가신 후에 기도응답을 받으셨습니다. 그래서 제게 가장 값진 유산은 엄마의 눈물의 기도입니다. 저도 엄마처럼 아이들을 위해 눈물의 기도를 심고 있습니다.

고난 속에서 예수님을 만나신 엄마

깊은 고통과 절망의 때가 우리가 예수님을 만날 수 있는 최고의 타이밍임을 전하고 싶습니다. 평안하고 부유하고 부족함이 없을 때는 예수님을 깊이 만나기 어렵습니다. 그렇기 때문에 고난은 변장된 축복입니다.

엄마는 가난과 자녀들의 질병, 맏며느리로서의 무거운 짐 때문에 고생을 많이 하셨습니다. 그래서 엄마의 유일한 복은 '남편'이라고 말씀하시곤 했어요.

하도 집안에 문제가 많으니, 예수님을 믿기 전에 엄마는 무당을 찾아가서 굿을 하며 우상을 섬기셨습니다. 오빠가 어려서부터 피를 토하며 죽을 고비를 맞자 아들을 잃을까 하는 두려움에 무당을 찾아가셨습니다. 굿을 한 뒤에 무당이 오빠의 명이 짧으니 수양엄마를 붙여야 한다고 했고, 엄마는 그 말을 따라 수양엄마를 정해서 때마다 그에게 가서 절을 하곤 하셨지요.

하루는 무당이 "이 집에 돈이 모이면 흩어버릴 것이고, 딸을 아궁이에 던져버릴 것이다"라고 말했다고 합니다. 그리고 성경말씀처럼 우상숭배로 인한 무서운 저주가 저희 집에 임했습니다.

> 너희는 다른 신들
> 곧 네 사면에 있는 백성의 신들을 따르지 말라
> 너희 중에 계신 너희의 하나님 여호와는
> 질투하시는 하나님이신즉
> 너희의 하나님 여호와께서 네게 진노하사
> 너를 지면에서 멸절시키실까 두려워하노라
>
> 신 6:14,15

어느 날, 아빠가 버스운전을 하다가 인사(人事)사고를 내셨고, 합의금으로 큰돈을 주어야 했습니다. 그리고 저는 생후 18개월에 화상으로 죽을 고비를 넘겼습니다. 남동생은 경기로 자주 쓰러졌고, 엄마는 담석증으로 고통의 시간을 보내셔야 했지요. 요새는 담석증이 별 것 아니지만, 당시는 병원에서 수술이 불가능하니 엄마를 집으로 데려가라고 했습니다.

아빠가 수술하다 죽더라도 해달라고 하셨고, 엄마는 대수술을 받고 살아나셨습니다. 이후로 엄마는 '덤으로 사는 인생'이라고 말씀하시곤 했습니다. 그런데 할머니는 며느리가 잘못 들어와서 집안이 망했다며 엄마를 구박하셨습니다. 여러 고난 중에 엄마는 시어머니의 핍박까지 견뎌내야 했지요.

이처럼 저희 집에 우환(憂患)이 끊이지 않자 예수님을 믿는 사람들이 찾아와 엄마에게 복음을 전했습니다. 하지만 할머니는 종교를 바꾸면 재앙이 온다며 엄마가 교회에 가는 걸 반대하셨지요.

그럼에도 엄마는 교회에 가셨습니다. 그런데 어느 날, 엄마가 교회에 다녀오신 후에 동생이 경기를 심하게 하면서 쓰러졌어요. 두려운 마음에 엄마는 다시 무당에게 가려고 했습니다. 그런데 교회에 가면 예수님이 병을 고쳐주신다던 이웃의 말이 생각나서 동생을 업고 목사님께로 달려가셨지요.

감사하게도 동생은 목사님의 기도를 받고 나았습니다. 엄마도 교회에 다니면서 그동안 앓던 고질병들이 나아서 하나님이 살아계심을 확증하게 되셨습니다. 그리고 교회에 가지 않으면 병증이 다시 나타나는 경험을 몇 번 하면서 흔들리지 않는 믿음의 길을 가게 되셨지요.

고난당한 것이 내게 유익이라

이로 말미암아 내가 주의 율례들을 배우게 되었나이다

시 119:71

시대가 달라지고 고난의 종류가 달라졌을지라도 지금도 이런 고난 가운데 있는 사람들이 많을 것입니다. 하지만 저희 가정의 경우로 볼 때, 고난은 유익이고 축복이라고 확실히 말할 수 있습니다.

무릇 징계가 당시에는 즐거워 보이지 않고 슬퍼 보이나

후에 그로 말미암아 연단 받은 자들은 의와 평강의 열매를 맺느니라

히 12:11

여호와를 경외하고 이웃을 사랑하는 삶

엄마는 잠언 31장에서 말씀하시는 현숙한 여인이었습니다. 말씀을 읽을 때마다 엄마의 모습이 떠오릅니다.

입을 열어 지혜를 베풀며

그의 혀로 인애의 법을 말하며

자기의 집안 일을 보살피고

게을리 얻은 양식을 먹지 아니하나니

그의 자식들은 일어나 감사하며

그의 남편은 칭찬하기를 덕행 있는 여자가 많으나

그대는 모든 여자보다 뛰어나다 하느니라

고운 것도 거짓되고 아름다운 것도 헛되나

오직 여호와를 경외하는 여자는 칭찬을 받을 것이라

잠 31:26-30

저는 엄마의 따뜻한 사랑을 잊을 수가 없습니다. 학교에서 놀림을 받아 상처를 입고 만신창이가 된 채 집으로 돌아온 저를 많이 안아주셨습니다. 누구에게 무슨 말을 들었는지 단 한 번도 묻지 않으셨습니다. 그리고 제게 말씀하셨지요.

"효진아, 내려다보고 살아라. 희망을 가져라. 우리 같이 하나님을 믿고 의지하자."

그리고 재미있는 이야기로 저를 웃게 만드셨습니다. 아픈 딸 때문에 울지도 못하고 웃어야만 했던 엄마를 생각하면 지금도 눈물이 앞을 가립니다.

여호와를 경외하는 엄마의 자녀는 비록 저처럼 장애가 있을지라도 하나님께서 키워주십니다. 그래서 저도 엄마와 같은 삶을 살다가 자녀들에게 예수님을 전해주고 가기를 간절히 소망합니다.

 또 엄마는 "하나님을 사랑하고 이웃을 사랑하라"는 성경말씀을 삶으로 보여주셨지요. 가정을 돌보며 가게 일을 하느라 늘 힘에 부쳤을 것인데 명절 때나 추도예배를 드린 후에는 이웃들을 불러서 맛있는 음식을 대접하시곤 했습니다. 거의 100명도 넘는 사람들이 저희 집에 와서 점심을 먹곤 했는데, 어린 저는 엄마가 왜 그렇게 힘들게 대접을 하는지 이해가 되지 않았습니다.

 명절이 되면 거의 사나흘 동안 친척들이 와있어도 싫은 내색 한번 안 하시고 맛있는 음식을 대접하셨지요. 그 모습을 기억하는 작은어머니는 "네 엄마는 천국에서도 요리해서 이웃들을 대접하고 있을 것 같구나"라고 제게 말씀하시곤 했습니다.

 엄마는 텃밭에 농사를 지어서 고구마가 열리면 쪄서 나눠주고, 감자가 열리면 갈아서 감자전을 해서 먹이시곤 했지요. 생활이 힘든 가운데도 이웃에 대한 사랑을 몸으로 실천하셨어요.

 제가 서울에서 자취를 할 때는 2주일에 한 번씩 반찬 택배를 보내셨습니다. 엄마의 정성이 가득 담긴 반찬들이 지금은 너무나 그립습니다.

부부 사랑의 모범

엄마는 하나님 사랑과 이웃 사랑을 몸소 보여주셨을 뿐 아니라 부부간의 사랑도 삶으로 보여주셨습니다. 정말 성경이 가르치는 대로 아빠에게 순종하셨지요. 아빠가 존경할 만하고 순종할 만해서 복종하셨을까요? 그렇지 않습니다.

아빠는 술을 좋아하고, 담배도 많이 피우고, 노름도 즐겼습니다. 저는 주말이면 담배 연기 자욱한 방에서 아빠가 아저씨들과 화투를 치는 모습을 보며 자랐습니다. 당시 시골에서는 그것이 대부분의 아버지들의 일상이었습니다.

열심히 하나님을 믿는 엄마로서는 그런 모습이 때론 힘들고 싫었을 것입니다. 그러나 성경말씀대로 아빠에게 순종하셨습니다. 남편의 자격이 부족하더라도 아내가 순종할 때, 남편도 아내를 사랑한다는 것을 부모님을 통해 배웠습니다.

두 분이 다정하게 이야기 나누시던 모습, 식사시간에 재미있는 이야기를 아빠에게 전하며 웃으시던 엄마의 모습이 아직도 제 마음속에 생생하게 남아있지요.

부모님 사이가 하도 좋아서 부부싸움을 안 하느냐고 엄마에게 물어본 적이 있습니다. 그랬더니 저희가 없는 곳에서 다투셨다고 했습니다. 그러면서 옛날에 엄마가 아빠와 싸운 이야기를 들려주셨지요.

스무 살에 시집을 온 엄마는 친정에 너무 가고 싶었다고 합니다. 마침 아빠와 시내에 나갔다가 버스를 타고 돌아오는 길에 "친정에 잠깐만 들렀다 가요"라고 부탁했는데 아빠가 안 된다고 거절하셨답니다. 그러자 엄마는 친정 근처의 정류장에서 버스가 멈춘 틈에 그냥 내리셨고, 뒤따라 내린 아빠는 너무 화가 나서 엄마의 뺨을 때리셨다고 합니다.

엄마는 아빠의 거친 행동이 버릇이 될까 봐 강으로 가서 무작정 뛰어들어 아빠가 나오라고 해도 안 나오셨답니다. 엄마는 강가에 살아서 수영을 무척 잘하셨고, 아빠는 수영을 못하셨던 것 같습니다.

그날 아빠가 엄마에게 용서를 구하며 다신 안 그러겠다고 약속을 하고 나서야 엄마는 물속에서 나오셨다고 합니다. 물론 엄마의 방법이 좀 극단적이긴 했지만, 만약 엄마가 그 일로 매일 잔소리를 하면서 아빠를 바꾸려고 했으면 어땠을까요? 아마도 가정이 하루도 편하지 않았을 것입니다.

지혜로운 여인은 자기 집을 세우되
미련한 여인은 자기 손으로 그것을 허느니라
잠 14:1

집을 세우는 것은 남편이 아니고 아내임을 성경은 말씀합니다.

가정에서 늘 아빠를 세워주고, 아빠가 우리를 위해 얼마나 고생하시는지 말해주는 엄마 덕분에 저는 아빠를 존경했습니다. 또한 엄마는 아빠의 단점을 자녀들 앞에서 지적하지 않고, 장점을 부각시켜 권위를 세워주었습니다.

늘 "너희 아빠 같은 분은 없다. 아빠한테 잘해라"라고 하셨지요. 혹시라도 문제가 많은 부모님 아래에서 자랐더라도 절망하지 말기 바랍니다. 부모의 사랑보다 더 큰 사랑을 주시는 하나님이 계시기 때문입니다. 하나님께서는 우리가 부모에게서 받은 상처를 치유해 주시며 한없는 사랑을 부어주십니다.

싸우는 부모 밑에서 자랐다면, 그 고난이 하나님을 만날 수 있는 통로가 되었기에 오히려 감사해야 합니다. 제가 화상 입은 얼굴을 통해 하나님을 만난 것처럼 나를 아프게 한 부모가 축복의 통로일 수 있습니다.

있는 모습 그대로 받아주는 사랑

저는 단 한 번도 "엄마, 내 얼굴을 왜 이렇게 만들었어?"라는 원망을 하지 않았습니다. 어린 시절에 다친 거니까 부모의 책임이 가장 클 것입니다. 하지만 엄마의 미안해하는 눈빛과 큰 사랑 앞에서, 엄마에게 상처를 주고 싶지 않았어요.

  그래서 저는 비뚤어질 수도 없었습니다. 한때 인생을 막 살아볼까 생각한 적도 있었습니다. 사춘기 때는 본드를 흡입하고 술도 마시는 친구들과 어울리고픈 유혹을 느끼기도 했지요.

'어차피 망가진 인생인데 더 망가진들 무슨 상관일까?'

  중학교 2학년 때 받은 수술이 잘못되어 휴학을 하던 시절에 동네의 불량한 친구들과 어울려서 소주를 마셨던 적이 있습니다. 너무 쓰고 맛이 없었지만 내 인생을 망가뜨리고 싶어서 몇 잔을 마시고 정신이 몽롱해져서 집으로 돌아왔습니다.

  당연히 야단을 맞을 줄 알았는데, 엄마는 아무 말씀도 하지 않고 저를 방으로 데리고 가서 이불을 깔아주며 자라고 하셨지요. 그때 엄마에게 매를 맞거나 심하게 혼났으면 어땠을까요? 그랬다면 더 나쁜 길로 갈 수도 있었을 것입니다. 그러나 엄마는 그 모습 그대로 받아주시고 품어주셨지요. 그래서 그날 이후부터 저는 나쁜 아이들과 어울리지 않았습니다.

  수능제도에 적응하지 못해서 다시 시골 고등학교로 전학을 가던 첫날에도 제 반항심이 나타났습니다. 여고를 다니다가 남녀공학으로 전학을 가게 된 것이 화근이었지요.

  초등학교 때 남자아이들한테 놀림을 많이 받았던 터라 저는 학교에 가는 것이 정말 두려웠습니다. 그 학교에는 예전에 저를 놀렸던 아이들도 다니고 있어서 그들과 또 같이 다닐 생각을 하니 눈앞이 캄캄했지요.

엄마와 학교에 가는 길이 지옥에 가는 것 같았습니다. 그래서 저도 모르게 입에서 욕이 튀어나왔습니다. 아마 제가 처음으로 입 밖으로 뱉은 욕이었을 것입니다. 저도 무척 놀랐습니다. 눈앞에 닥친 현실에 대한 두려움 때문에 방어적으로 욕이 나온 것이지요.

그런데 엄마는 아무 말 없이 그냥 걷기만 하셨습니다. 그 후부터 제 반항은 꺾이고 말았습니다. 그때 엄마가 잔소리를 하셨다면 제게 더 큰 상처가 남았을 것입니다.

자녀에게 아무 말 하지 않아도, 그저 용납해주고 포용해주는 사랑과 기도면 충분합니다. 그렇게 옆에서 같이 걸어가는 것만이 사춘기 자녀를 둔 엄마가 할 수 있는 최선인 것 같습니다.

슬픔 대신 웃음을

엄마는 화상 입은 딸과 언제 어떻게 될지 모르는 아들을 둔 사람답지 않게 참 밝으셨습니다. 특히 제가 학교에서 놀림을 받고 온 날이면 더 많이 웃게 해주셨지요. 시무룩한 표정으로 있는 저를 안아주고 재미있는 이야기를 해주며 희망을 가지라고 하셨습니다.

그래서 저는 '엄마는 항상 마음이 즐겁고 기쁜가 보다'라고 생각했습니다. 그러나 엄마가 돌아가신 뒤에 유품을 정리하면서 언니와 오빠에게 쓴 편지를 통해 엄마의 진짜 속마음을 알게 되었지요.

이 엄마는 자식들의 아픔으로 하루도 죽을 결심을 하지 않은 날이 없었단다. 남모르게 울기도 많이 울고, 아무 사는 낙이 없었단다. 그러던 어느 날, 교회에 나가게 되어 하나님을 알고부터 그분이 주신 목숨을 내 맘대로 못 끊는다는 걸 알았지. 엄마에게는 걱정 근심이 떠날 날이 없단다. '남한테 못할 짓도 안 했는데 왜 내 자식들이 건강하지 못할까' 하는 생각만 하면 정말 가슴이 터질 것 같구나.

엄마의 편지를 읽고 많이 울었습니다. 이토록 엄마의 마음이 아픈 줄을 당시는 몰랐습니다. 집안 가득 울려 퍼졌던 엄마의 웃음소리는 슬픔과 눈물을 삼키고 나온 것이었지요.

아픈 자녀를 둔 엄마에게는 하나님 없이는 하루도 살 수 없는 애통과 슬픔이 있었습니다. 하지만 엄마는 하나님 앞에서는 수없이 많은 눈물을 흘리고 기도할지라도 자녀들 앞에서는 전혀 그런 내색을 하지 않으셨습니다.

칭찬과 인정의 말

게리 채프먼은 《자녀의 5가지 사랑의 언어》에서 자녀마다 사랑받는다고 느끼는 언어가 다르다고 기술했습니다. 사랑의 5가지 언어는 스킨십, 인정하는 말, 함께하는 시간, 선물, 봉사가 있습니다.

제게 사랑의 언어는 '인정하는 말'과 '함께하는 시간'이었습니다. 저는 화상으로 인한 상처 때문에 거절감이 심해서 인정에 목마른 상태였습니다. 매일 놀림 받고 거절당하는 일상 가운데 엄마는 저를 인정하는 말로 양육하셨지요. 아마 하나님으로부터 온 지혜가 아닐까 생각합니다.

늘 제 기분을 살피며 때에 맞는 말로 저를 위로하고, 칭찬과 인정하는 말로 제 마음의 상처들을 치유해주셨지요. 그리고 아주 사소한 것도 칭찬을 아끼지 않으며 저를 인정해주셨어요.

하루는 제가 학교를 다녀와서 가게 진열대에 엉클어져 있는 과자를 예쁘게 정리했습니다. 그러자 무척 좋아하시며 정리를 잘한다고 칭찬을 해주셨지요. '칭찬은 고래도 춤추게 한다'는 말도 있듯이 저는 또 인정받고 싶어서 학교에서 돌아오자마자 과자를 정리했습니다. 그렇게 엄마를 도와 가게를 정리하면서 자연스럽게 '인테리어 디자이너'라는 꿈이 생겼지요.

엄마의 무조건적인 사랑과 제 모습 그대로 인정해주는 말들은 제

안에 분노와 상처가 쌓이지 않도록 막아주는 약과 같았습니다. 그래서 저는 화상을 입은 사람치고는 분노나 거절감이 깊지 않습니다. 엄마의 무조건적인 사랑과 인정, 엄마를 통해 나타난 하나님의 사랑이 있었기 때문입니다.

제게는 사랑의 언어 가운데 '함께하는 시간'도 무척 중요했습니다. 학교에서 돌아왔을 때 엄마가 없으면 무척 불안했지요. 엄마가 집에 오셔야만 안정이 되었습니다. 사실 저는 '마마걸'이었습니다. 스무 살이 넘어서도 엄마가 보고 싶어서 아침저녁으로 집에 전화를 걸었지요.

지금 제게는 엄마의 인정하는 말과 엄마와 함께하는 시간이 사라졌습니다. 그러나 하나님께서 엄마의 빈자리로 오셔서 더 크신 사랑과 은혜로 함께해주십니다.

하나님께서는 인정에 목마른 제게 세상이 줄 수 없는 위로와 격려와 사랑의 언어로 엄마가 치유할 수 없었던 내면 깊은 곳의 상처를 만지시고 치유하셨습니다. 엄마에게 제 인생을 28년간 맡기셨고, 이제는 직접 제 삶을 경영해가고 계십니다.

보혜사 성령님을 보내주셔서 24시간 저를 지켜 보호하시고 위로하시며 십자가의 사랑을 부어주고 계십니다. 그 사랑이 지금도 저를 호흡하게 합니다.

미스 헤븐에서 엄마로의 부르심

하나님께서 사랑하는 엄마를 일찍 천국으로 데리고 가셨지만, 제게 보혜사 성령님을 보내주셨습니다. 엄마는 24시간 저를 지키고 보호할 수 없었지만 성령께서는 늘 눈동자처럼 지켜주십니다.

우리 가족에게는 재앙 같은 교통사고였지만, 사실은 하나님의 가장 큰 사랑이었습니다. 대신 성령님을 보내주셨기 때문입니다. 성령님과 만난 이후 제 삶은 완전히 변했습니다.

성령님을 만난 이후에 '미스 헤븐'으로서 "네 약함을 자랑하라"라는 사명을 받았지요. 저는 그것만이 예수님을 증거하는 가장 중요한 임무라고 생각했습니다. 그래서 결혼한 후에도 사명을 우선하여 교회의 집회 요청을 거절한 적이 거의 없었습니다. 심지어는 해외 집회까지 가려고 했지요. 사명을 위해서라면 아이들과 남편이 조금 희생하는 건 당연하다고 생각했습니다.

그런데 주변에서 엄마의 때에 순종하는 게 좋을 것 같다는 말씀을 많이 해주셨고, 기도하는 가운데 하나님의 말씀으로 받았습니다. 엄마로서의 부르심도 중요한 사명임을 깨달았지요.

엄마는 사역자입니다. 아이들을 하나님의 자녀로 길러내는 것이 어떤 사역보다 중요하며, 그 역할은 누가 대신해줄 수 없습니다. 자녀양육은 오직 엄마만이 할 수 있지요(물론 아빠도 같이 합니다).

만약 제가 변하기 전의 모습으로 아내가 되고 엄마가 되었다면 지옥 같은 가정을 만들었을 것입니다. 남편에게 더 사랑받기 위해 집착하며, 아이들은 공부의 노예로 만들어서 아침부터 밤까지 학원으로 내몰았을지도 모릅니다.

그래서 결혼 전에 저를 변화시켜주신 하나님께 정말 감사드립니다. 28년간 엄마의 삶을 통해 아내와 엄마의 모델을 보여주시고, 지난 8년 동안 성령님과 동행하는 가운데 한 남자의 아내와 두 아이의 엄마로 부르셨습니다.

엄마로서 제 사명은 아이들에게 예수님을 전하고, 이 땅에서 하나님의 용사로 길러내는 것입니다. 그 거룩한 부르심의 자리로 이끄신 하나님께 감사드립니다.

제 화상 입은 얼굴은
하나님께서 중매자가 되셔서
배우자를 제게로 이끌어올 수밖에 없는,
최고로 좋은 환경이었습니다.
그 믿음의 고백으로
미래의 배우자와 미래의 딸에게
편지를 쓰며 기다렸습니다.

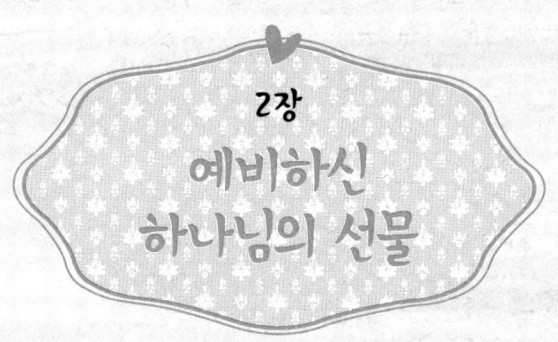

2장
예비하신
하나님의 선물

배우자기도와 함께 시작된 자녀기도

배우자를 주시겠다는 하나님의 약속의 말씀을 받고부터 배우자기도가 시작되었고, 이는 곧바로 자녀기도로 이어졌습니다. 배우자에 대한 겨자씨처럼 작은 믿음의 씨앗이 제 마음에 심기자 자녀에 대한 기도도 하게 되었어요. 저를 닮은 딸을 낳아서 그 딸의 모습을 통해 제 잃어버린 얼굴을 보고 싶었기 때문입니다.

때로 '내가 정말 결혼할 수 있을까? 엄마가 될 수 있을까?'라는 생각이 들면 낙담이 되었지만 믿음으로 기다리고 또 기다렸습니다. 아무것도 보이지 않고 잡히지 않는 끝모를 기다림 가운데 아브라함에 관한 말씀이 큰 위로가 되었습니다.

> 아브라함이 바랄 수 없는 중에 바라고 믿었으니
> 이는 네 후손이 이같으리라 하신 말씀대로
> 많은 민족의 조상이 되게 하려 하심이라
>
> 롬 4:18

인간적으로 생각하면 제 얼굴을 사랑할 수 있는 남자는 없을 것 같았습니다. 바랄 수 없는 중에 바라고 믿을 수밖에 없었지요. 제 인간적인 노력으로 이룰 수 없고, 하나님께서 100퍼센트 개입해서야만 가능하다고 생각했기에 온전히 주님께 맡길 수밖에 없었습니다. 남들처럼 육신의 정욕과 안목의 정욕대로 결혼할 수 없어서 오히려 감사했습니다.

제 화상 입은 얼굴은 하나님께서 중매자가 되셔서 배우자를 제게로 이끌어올 수밖에 없는, 최고로 좋은 환경이었습니다. 그 믿음의 고백으로 미래의 배우자와 미래의 딸에게 편지를 쓰며 기다렸습니다. 미래의 남편을 소망하고 기다리며 '용호'라는 이름까지 붙여주었습니다.

미래의 배우자 용호 씨에게
잘 지내는지요?
당신을 만나게 해달라고 하나님께 기도드린 지
벌써 1년이 지났어요.
이삭을 기다리고 또 기다렸던
아브라함과 사라의 믿음이 정말 위대하다는 생각이 들어요.
1년밖에 지나지 않았는데 조바심이 나는 이유는 뭘까요?
그래서 하나님께서 아브라함을

'믿음의 조상'이라고 부르셨나 봐요.
저는 아브라함의 후손인데
아브라함 할아버지를 닮지 않았나 봅니다.

용호 씨, 저는 머리에서 발끝까지
저를 꼭 닮은 딸을 낳고 싶어요.
그리고 이름을 '예인'이라고 부르고 싶어요.
하나님께 예인이를 만나게 해달라고 기도하면서
세상 사람들이 들으면 제정신이 아니라고 할 것 같아서
혼자 웃을 때가 많답니다.

예수님이 인도하시는 예인이와
하나님나라의 용맹한 용사인 용호 씨를 만나는 그날까지
쉬지 않고 기도할게요.
많이 보고 싶어요.
사랑합니다!
— 2009년 5월 30일

저는 믿음이 흔들릴 때마다 편지를 썼습니다. 그러다 마침내 배우자를 만났고, 결혼과 동시에 아이를 갖게 되었지요.

미래의 아이를 위한 기도

결혼하고 첫 가정예배를 드리면서 언제쯤 아이를 가지면 좋을지 남편과 의논했습니다. 우리는 신혼생활을 즐기다가 6개월 후에 가지면 좋겠다고 생각했습니다. 그런데 바로 다음날부터 속이 울렁거리더니 이상한 느낌이 들었지요. 혹시나 하는 마음에 임신 테스트를 해보고는 뱃속에 아이가 있다는 것을 알게 되었습니다.

그제야 우리의 계획보다 앞서 계획하시는 하나님께 먼저 묻고 기도하지 않았음을 깨달았습니다. 생명을 주시는 분은 하나님이신데 우리 마음대로 계획한 것 자체가 너무나 부끄러웠습니다.

> 사람의 마음에는 많은 계획이 있어도
> 오직 여호와의 뜻만이 완전히 서리라
> 잠 19:21

저는 입덧으로 고생을 하면서도 기쁨의 눈물을 많이 흘렸습니다. 제게 과분한 선물을 주신 하나님의 은혜에 한없는 감사와 찬양을 드렸습니다. 그리고 기도하는 중에 하나님께서 이런 마음을 주셨습니다.

아가야, 내 아가가 아기를 가졌구나.
이는 네게 주는 내 선물이고 축복이란다.
이 아이는 너를 참으로 기쁘게 할 것이란다.
또 이 아이는 요셉에게 준 에브라임과 므낫세처럼
네 어린 시절의 고통을 모두 잊게 할 것이다.

이는 네게 주는 내 기업이니
이 아이를 기업을 키워가듯이
마음과 정성을 다하여 키워라.
때에 맞는 지혜를 네게 줄 것이고,
도울 자를 보내줄 것이다.
이 아이는 또한 많은 사람들에게
기쁨과 즐거움을 줄 것이란다.

너와 같이 복의 근원이 될 것이며,
호랑이가 호랑이 새끼를 낳듯이
이 아이 또한 큰 자가 될 것이고,
많은 사람들을 옳은 길로 인도하는 자가 될 것이란다.
이 아이는 태에서부터 구별될 것이며
지혜와 총명이 넘칠 것이라.

많은 사람들이 이 아이의 지혜에 놀랄 것이나,
이는 나를 영화롭게 하기 위함이라.

딸아, 아이를 키우는 것을 두려워 말라.
들에 핀 꽃들도 입히고 먹이는데 하물며 너희일까 보냐.
물질을 바라보지도 말거라.
그것은 믿음이 없다는 증거가 아니냐.
오직 믿음으로 담대히 나아오너라.
내가 너와 늘 함께할 것이란다.
사랑한다, 내 딸아.
네 모든 소원이 이루어질 것이고,
네 구하는 것에 차고 넘치도록 채워줄 것이란다.
참으로 너를 사랑한단다.
  － 2010년 12월 20일

저는 임신 기간 내내 아기에게 편지를 썼습니다.

사랑하고 보고 싶은 예인아!
엄마 뱃속에서 네가 움직일 때마다
얼마나 신기한지 깜짝 놀랄 때가 많단다.

6월 13일에 손기철 장로님과 윤현숙 목사님이
너를 위해 배에 손을 얹고 기도해주셨어.
그러고 나서 한 시간 동안 태동이 어찌나 심한지
아빠와 엄마는 네가 성령세례를 받았음에 틀림없다며
너무나 기뻐했단다.
뱃속에서부터 성령충만한 우리 예인이를
다들 기대하고 있단다.

하나님께서 주신 생명이고, 하나님의 자녀이기에
맡겨주신 생명을 잘 키우고 싶은 마음은 가득한데
아빠와 엄마가 아직 초보 부모라
네가 조금은 불편할 수도 있겠지만 이해해주길 바란다.
사랑하는 예인아,
벌써 2킬로그램이 훌쩍 넘어 예정일을 향해 가고 있구나.
네가 세상에서 가장 아름다운 미소를 가진
사람이었으면 하는 것이 엄마의 기도란다.
그 미소 가운데 하나님의 거룩한 아름다움이 흘러나와
많은 영혼들을 주께로 인도하는 예쁜 예인이가 되길 기도한다.
예수님의 사랑으로 사랑하고 축복해!
— 2011년 6월 28일, 엄마가

여자 중에 네가 복이 있으며

네 태중의 아이도 복이 있도다

눅 1:42

지난밤에 아빠가 엄마 배에 대고
"예인아, 사랑해"라고 말했더니 1분 정도 네가 반응을 보이다가
엄마 배를 톡톡 치기를 10분 정도나 했단다.
성령충만한 네가 기도만 해주면 반응을 보이니 너무 예쁘구나.
막달이 되니 "많이 힘드시지요?"라고 인사하는 분들이 많단다.
사실 몸은 좀 힘들지만 네가 뱃속에 있는 것이
엄마는 너무 기쁘고 감사하단다.
엄마는 예인이가 들으면 서운해할 것 같아서
항상 "괜찮아요"라고 대답하곤 해.
때론 힘들고 숨이 차지만
너와 함께 예배에 참석할 생각만 하면 정말 기쁘단다.
이제 얼마 남지 않은 시간을 건강하고 기쁘게 보내길 바란다.
엄마 아빠가 보고 싶다고 일찍 나오지도 말고,
열 달을 다 채우고 건강한 모습으로 우리 만나자.
예인이를 예수님의 이름으로 사랑하고 축복해~.

― 2011년 7월 13일, 엄마가

이제 열 달을 꽉 채우고 하루가 지났단다.
얼마 전에 병원에 갔을 때 예정일을 넘기지 않을 거라고
의사선생님이 그러셨는데 이미 하루를 넘겨서
엄마 아빠는 간절히 너를 기다리고 있단다.
오늘 아빠가 널 돌보느라 살이 30킬로그램 이상 빠져도
기쁘고 즐거울 것 같다고 했던 말을 기억하지?

지난주에 아빠는 고등부 수련회 때문에,
엄마는 회사에 중요한 회의가 있으니
천천히 나오라고 했던 말 때문에 삐친 건 아니지?
엄마가 너를 위해 기도할 때마다
우리 가정에 기쁨과 즐거움이 될 것이라는 마음을 주신단다.
게다가 할머니에게도 네가 이삭(웃음)처럼
기쁨이 될 것이라는 말씀을 주셨어.

3대째 신앙의 유산을 이어받은 예인이를
아주 많이 사랑하고 축복해.
엄마는 얼마나 설레고 기대가 되는지 몰라.
아마 하나님께서도 이런 마음으로
우리를 기다리셨을 것이라는 생각이 드는구나.

엄마는 네가 오직 하나님을 기쁘시게 하며,

하나님의 뜻에 순종하고,

밤하늘의 별과 같이 빛나는 아름다운 사람이 되길 기도해.

— 2011년 8월 10일, 엄마가

첫 번째 선물

예정일이 이틀이 지나도 아이가 태어나지 않자 초조해졌습니다. 계단을 많이 오르내리면 아기가 빨리 나온다는 말이 생각나서 남편과 열심히 오르내리며 진통이 오기를 기다렸지요.

그런데 새벽녘에 갑자기 진통이 시작되었습니다. 진통 간격이 짧아지자 남편과 안양샘병원으로 향했어요. 마음이 설레면서도 '많이 아프면 어쩌나' 겁이 나기도 했습니다.

남편의 손을 꼭 잡고 심호흡을 하는데 간호사가 무척 냉정하게 말해서 너무나 미웠습니다.

'난 이렇게 아픈데 너무 쌀쌀맞은 거 아니야?'

제 마음을 눈치 챈 남편은 호흡법을 금방 배워서 간호사 대신 저와 심호흡을 하며 아픈 시간을 함께해주었지요.

선악과를 먹은 하와에게 해산의 고통을 벌로 주셨기에 여자라면 누구나 겪어야 하는 고통이었지만 주삿바늘만 봐도 무서워하는 저는 출산을 앞두고 걱정이 많이 되었지요.

'많이 아프면 어떡하지?'

그래서 기도했습니다.

'하나님, 해산의 고통을 감해주세요. 그 저주를 끊어주세요.'

그러나 정말 많이 아팠습니다. 고통을 감해주시는 대신에 시간을 감해주셨지요. 초산일 경우에 보통 12시간 넘게 진통한다는데, 저는 3시간 만에 낳았습니다.

하지만 너무 아파서 아이를 만난 감동을 느낄 여유가 없었지요. 아이가 태어나면 감동의 눈물을 흘릴 줄 알았는데 고통이 더 크게 느껴졌습니다.

"어머, 아기가 너무 예뻐요."

간호사의 이 말에 안도의 숨을 내쉬었습니다. 노산인 터라 내색은 안 했지만 내심 걱정이 되었습니다. 노산의 경우에는 양수검사를 통해 아이의 장애 여부를 알아본다고 하는데, 저는 그것을 하지 않았습니다. 설사 장애아라 하더라도 낳을 것이기 때문이었지요.

또 산모의 배를 바늘로 찔러 양수를 뽑아내고, 양수 세포를 배양하여 태아의 염색체를 알아보는 검사를 하면 아이가 엄청 스트레스를 받을 것 같아 하지 않았습니다.

기독교병원인 샘병원은 아기가 태어나면 의사가 기도를 해주는데 남편에게 직접 기도하겠냐고 물었습니다. 남편은 직접 예인이를 목욕시키고 나서 감격에 복받쳐 눈물로 하나님께 감사의 기도를 올려드렸습니다. 남편의 눈물 섞인 기도를 들으며 저도 감사의 눈물을 흘렸습니다.

처음에는 아이의 태명을 이름으로 하고 싶었으나 회사 이름과 같은 것이 마음에 걸렸습니다. 그래서 예수님처럼 맑고 깨끗한 아이로 자라라고 '예린'이라고 이름을 지었습니다.

누가 아이를 키워야 하나요?

아이를 낳아 기쁜 와중에도 어떻게 키워야 할지 걱정이었습니다. 당시 남편은 장신대학원 학생이었고, 저는 인테리어 사업가로 바쁘게 일하고 있었습니다. 일하면서 아이를 키워야 하는 큰 부담이 있었지요. 그러나 기도할 때마다 하나님께서 한결같은 말씀을 하셨습니다.

'때에 맞는 지혜를 네게 줄 것이고, 도울 자를 보내줄 것이란다.'

저희 부부는 아기 돌보미의 도움을 받아 아이를 키우기 시작했습니다. 감사하게도 아이는 밤에도 잘 깨지 않고 잘 자는 순둥이었습니다.

아이가 태어난 지 한 달 만에 저는 회사로 복귀했습니다. 아기에게 무척 미안했습니다. 더 많이 안아주고, 같이 있고 싶은데 그러지 못해 속상했습니다.

더욱이 남의 손에 아이를 맡겨도 되는지 확신이 없었고, 혹시나 아기 돌보미가 우리가 없을 때 아이를 잘 돌보지 않을까봐 걱정이 앞섰지요. 뉴스에서 아기 돌보미가 아이들을 학대했다거나 어린이집에서 일어난 여러 사고에 대한 기사만 봐도 심장이 내려앉는 것 같았어요.

저는 하나님께서 예린이를 눈동자처럼 지켜주시길 간절히 기도했습니다. 다행히 아기 돌보미가 아이를 무척 예뻐했고, 둘째도 키워 줄 테니 얼른 낳으라고 했습니다.

이후 생각보다 둘째가 빨리 생겨서 깜짝 놀랐습니다(둘 다 8월생이니까 딱 1년 차이입니다). 저는 두 아이를 낳고서도 일과 육아를 병행할 수 있을지 고민이 되었습니다. 그런데 하나님께서 시부모님과 시누이 식구들까지 11명이 함께 살게 하셨습니다. 도울 자를 보내주신다는 하나님의 약속대로 말입니다.

누가 아이들을 키워야 하는지 걱정할 필요가 없었습니다. 하늘 아빠가 미리 예비하시고 계획하셨지요. 제게도 아빠이시지만 제 아이들에게도 하늘아빠이시기 때문입니다.

오늘 있다가 내일 아궁이에 던져지는 들풀도
하나님이 이렇게 입히시거든
하물며 너희일까보냐 믿음이 작은 자들아

마 6:30

두 번째 선물

　남편과 연애하던 시절, 자녀계획에 대한 이야기를 나누면서 "당신처럼 듬직한 아들을 낳으면 좋을 것 같아요"라고 한 것을 계기로 둘째 아이의 태명은 '듬직이'가 되었습니다.
　아들인지 딸인지도 모르는 상황에서 그렇게 태명을 짓고 나니 꼭 아들일 것만 같았습니다. 예린이가 백일도 채 되지 않아 둘째를 임신한 저는 또 힘든 입덧에 시달렸습니다. 그러나 아기 돌보미와 남편의 도움으로 순탄하게 지나갔습니다.
　듬직이는 예정일에 꼭 맞춰서 태어났습니다. 진통 초반부터 간격이 너무나 짧아 서둘러 병원으로 향했는데, 입원수속도 밟지 못할 정도로 아기가 급하게 나오려고 했습니다.
　저는 분만침대에 누운 지 1시간도 채 지나지 않아 아이를 낳았습니다. 그리고 침대에 누워 성령께서 말씀하시는 것을 들었습니다.

첫 아이를 낳을 때는 특별한 말씀이 없으셨는데 둘째를 낳을 때는 선명한 음성으로 말씀하셨지요.

'이 아들은 여호와의 기업이며 네게 주는 상급이란다.'

저는 의아한 마음이 들었습니다.

'딸을 낳았을 때는 아무 말씀 없으시더니 왜 아들을 낳으니까 이 말씀을 주시는 걸까?'

그러는 중에 딸에 대해서는 기대감과 기쁨이 컸는데, 아들에 대해서는 큰 기대가 없는 제 모습을 알게 되었습니다. 그건 남자아이에 대한 제 선입견 때문이었습니다. 임신 중에 둘째가 아들임을 알았을 때부터 저는 겁이 났습니다.

'내가 아들을 잘 키울 수 있을까?'

제게 수많은 저주와 상처의 말을 퍼부었던 남자아이들이 제 머릿속을 스쳐 지나갔지요.

'내가 아들을 온전히 사랑할 수 있을까?'

이런 마음이 들 정도로 두려웠습니다. 제 마음을 아시는 하나님께서 아들에 대해 제게 특별히 말씀하신 것 같았습니다.

임신 초기에 저는 주님께 이렇게 기도했었지요.

사랑하는 주님,

신실하시고 은혜로우신 주님,

이렇게 사랑이 많으시고 자비하신 하나님을
온 인류가 믿으면 얼마나 좋을까요?
전 세계의 모든 사람들이
하나님을 찬양하고 예배하며
하나님을 기쁘시게 해드리면 얼마나 좋아하실까요?

주님은 넘치도록 채워주시는 분입니다.
허니문베이비로 예쁜 예린이를 주신 하나님께서
이번엔 둘째 듬직이를 주셨습니다.
아직 성별은 알 수 없지만
하늘아빠랑 쏙 닮은 듬직이를 기대합니다.

오직 그 입술로 하나님을 증거하며
하나님의 나라를 확장해가는
용감한 아이가 태어나면 좋겠습니다.
오직 두려워하는 것은 여호와 하나님 한 분이게 하시고,
예수 그리스도의 제자 되어 예수님의 오심을
준비하고 예비하는 아이가 되길 기도합니다.
늘 충만하게 채워주시는 하나님을 찬양합니다.
　－2011년 11월 4일

아이가 태어나자 이름을 주원이라고 지었지요. 그리고 사랑을 담아 편지를 썼습니다.

미소가 아름다운 주원아,
하나님께서 정말 신묘막측하게 너를 창조하셨구나!
네가 오직 하나님의 마음을 구하며,
그분의 깊은 뜻을 깨달아 행하는 아들이 되길 기도해.

비록 좁은 길일지라도 주님과 동행하며,
하나님을 기쁘시게 해드리는 아들이 되길 바란다.
너무나 귀한 주원이를 우리 가정에 보내주신
하나님의 은혜가 참 크구나!

우리 가족 모두 하나님께 영광 돌리며
하나님의 깊은 마음을 깨달아 행하고
오직 주를 위해 살아가는 가정이 되길 기도해.
예수님 이름으로 사랑해, 축복해!
— 2013년 7월 13일, 엄마가

사랑해, 축복해, 고마워!

배우자를 만나기 전부터 시작된 자녀기도는 언제나 "예인아, 사랑하고 축복해"라는 말로 마무리되었습니다. 아직 이 땅에 존재하진 않지만 하나님의 나라에는 이미 존재하고 있다고 생각했기 때문이지요.

얼마나 기다리고 기다리던 아이였는지 저는 '임신'이라는 말을 듣고부터 배에 손을 얹고 기도했습니다. 우리에게는 자녀를 축복할 수 있는 권세와 능력이 있기 때문이지요.

"예인아, 사랑해. 축복해! 듬직아, 사랑해. 축복해!"

우리 아이들이 제게 가장 많이 들은 말일 것입니다.

그(엄마)들은 이같이 내 이름으로
이스라엘 자손(자녀)에게 축복할지니
내가 그들(자녀)에게 복을 주리라

민 6:27

"사랑해, 축복해"는 "예린아, 예수님의 이름으로 사랑해. 예수님의 이름으로 축복해"라는 뜻입니다.

형님(시누이)이 저희 아이들은 "태교가 잘된 아기들"이라는 말을 하신 적이 있습니다. 어머님은 "신통한 아기들"이라고 자주 말씀하십니다. 임신 전부터 흘려보낸 기도의 씨앗 때문이 아닌가 싶습니다.

아이들의 존재 자체가 너무 고마워서 "사랑해, 축복해, 고마워"라는 말을 자주 해주었지요.

"예린아, 사랑해. 축복해. 고마워."

"옴마, 따랑해. 푸쪼케. 모모야."

겨우 말을 시작한 예린이는 이렇게 화답해주었어요. 말을 또박또박 잘할 때에도 예린이는 습관이 돼서 "엄마, 사랑해. 푸쪼케. 모모야"라고 말했습니다.

매일 아이들이 잠들 때 뽀뽀를 하고 이 인사를 해주었더니 예린이가 동생에게 똑같이 해주었습니다.

"주원아, 사랑해. 푸쪼케. 모모야."

지금은 잠들기 전에 꼭 아빠에게 가서 "아빠, 사랑해. 축복해. 고마워. 굿나잇"이라고 인사하고 잠자리에 듭니다.

저는 이런 소망을 품어봅니다.

'이 세상 모든 아이들이 사랑과 축복과 감사를 흘려보낸다면 아이들이 살아갈 다음 세상은 지금보다 더 나아지지 않을까?'

육아보다 중요한 것

요즘은 육아에 관심이 많습니다. 지나치게 아이에게 집착하다 보니 자식이 우상이 되는 경우도 있지요. 그런 가운데 남편은 아내와 자녀 사이에 끼어들 수 없어서 돈을 벌어오는 기계에 지나지 않는다는 소외감을 느끼곤 합니다. 남편이 퇴근하고 돌아와도 아내가 인사는커녕 쳐다보지도 않으면 어느새 아이도 아빠를 남처럼 대하게 됩니다.

만약 영어유치원이나 유명한 유치원에 보내야 되는데 남편의 월급이 적어서 못 보낸다며 속상해하고 있다면 이미 자녀가 우상이라는 증거입니다. 사교육 열풍으로 드러나듯이 가계 지출의 큰 비중을 자녀의 사교육비가 차지하고 있습니다.

그러나 정말 내 아이를 사랑하고 잘 키우고 싶다면 아이를 담고 있는 가정을 먼저 살펴보아야 합니다. 이 부분은 제 이전 책인 《네 약함이 축복이라》에서 자세히 다루었기에 간단히 나누겠습니다.

첫째, 우리 가정의 주인이 예수님인지 점검해보아야 합니다. 예수님이 주인이신 가정은 예수님이 말씀하시는 것에 순종합니다.

둘째, 아내는 남편을 머리로 인정하며 순종과 복종의 언어를 쓰고 있는지 점검해보아야 합니다.

아내들이여

자기 남편에게 복종하기를 주께 하듯 하라

이는 남편이 아내의 머리 됨이

그리스도께서 교회의 머리 됨과 같음이니

그가 바로 몸의 구주시니라

그러므로 교회가 그리스도에게 하듯

아내들도 범사에 자기 남편에게 복종할지니라

엡 5:22-24

아내가 남편의 머리에 있다면 내려와야 합니다. 남편에게 소리를 지르고, 잔소리를 하며, 성질을 부리는 아내들에게 잠언은 이렇게 말씀합니다.

다투며 성내는 여인과 함께 사는 것보다

광야에서 사는 것이 나으니라

잠 21:19

다투는 여인과 함께 큰 집에서 사는 것보다

움막에서 혼자 사는 것이 나으니라

잠 25:24

성질을 부리고 싸움을 거는 아내와 사는 것이 얼마나 힘들면 "독처하는 것이 좋지 못하다"라고 하신 성경이 광야에서 혼자 사는 게 낫다고 말씀하실까요?

남편을 가정의 왕으로 인정하지 못하면 나는 여왕이 될 수 없습니다. 남편을 '제일 못난 남자'라고 생각하면 나는 '제일 못난 남자의 아내'가 됩니다. 이것은 부인할 수 없는 하나님의 질서입니다.

저는 남편에게 순종하는 아내가 되기 위해 늘 자신을 쳐서 말씀에 복종시킵니다. 한 번도 남편에게 소리를 지르거나 남편을 째려보거나 무시한 적이 없습니다. "남편에게 복종하라"는 말씀 때문입니다. 남편이 가끔 동기들 모임에서 제 이야기를 하면 동기 중에 한 명이 "네 아내는 네게 맹종하는 것 같아"라고 한답니다.

엄마이기 이전에 우리는 아내입니다. 아내에게 맡겨진 역할을 잘 감당할 때 엄마의 역할도 잘할 수 있지요.

누가 현숙한 여인을 찾아 얻겠느냐
그의 값은 진주보다 더 하니라
그런 자의 남편의 마음은 그를 믿나니
산업이 핍절하지 아니하겠으며
그런 자는 살아 있는 동안에

그의 남편에게 선을 행하고

악을 행하지 아니하느니라

잠 31:10-12

셋째, 남편은 아내를 사랑하고 있는지 점검해보아야 합니다. 제 남편이 청년부 사역을 할 때, 예비부부들이 행복한 가정의 비결이 무엇이냐고 물었답니다. 남편이 "아내는 남편에게 복종하고, 남편은 아내를 사랑하세요"라고 대답했더니 대부분 서로의 옆구리를 찌르면서 "거봐, 네가 먼저 지켜"라는 반응을 보였다고 합니다.

하지만 저는 아내가 먼저 순종하는 게 옳다고 생각합니다. 성경도 아내에게 먼저 말씀하십니다. 집을 세우기도 하고 허물기도 할 정도로 가정에서 아내의 역할은 매우 중요합니다. 아내가 먼저 순종하는 게 어렵다면 남편이 먼저 십자가에서 죽고, 생명을 다해 사랑하신 예수님의 사랑을 가정에 적용해보세요.

남편들아

아내 사랑하기를

그리스도께서 교회를 사랑하시고

그 교회를 위하여 자신을 주심 같이 하라

엡 5:25

넷째, 자녀가 우상이 되진 않았는지 점검해보아야 합니다. 내 아이를 잘 키워서 보란 듯이 성공하여 인정받으려는 욕심이 있는지 점검해보세요.

엄마들의 치맛바람이 작금의 거대한 사교육 시장을 만들었고, 가정의 질서도 무너뜨렸습니다. 기러기 아빠 문제가 심각하게 대두되고, 엄마들이 자녀 교육비를 위해 노래방 도우미로 일하는 것도 불사하는 것이 요즘의 세태입니다.

또 자녀에게 외국 국적을 주기 위해서 위장 결혼과 이혼까지 하는 사람들이 있는데, 이 또한 자녀가 우상이기 때문입니다. 그런 가정의 자녀가 성공하면 더 문제입니다. 불법과 거짓을 보고 자란 아이가 영향력 있는 위치에 오르면 이 사회는 지금보다 더욱 불법이 난무하게 될 것입니다.

우리 가정의 주인을 예수님으로 모시고, 부부가 먼저 그리스도 안에서 연합하여 한 몸이 되어 말씀에 순종해야 합니다. 가정의 우선순위가 예수님, 남편, 아내, 자녀의 순서로 되어야 합니다.

가정이 잘 준비되어야 성경적인 육아를 할 수 있습니다. 아이를 담는 그릇이 깨끗하면 아이는 자연스럽게 깨끗해질 것이고, 그릇이 지저분하면 아이를 아무리 깨끗이 씻겨도 다시 지저분해질 것이기 때문이지요.

저도 이 네 가지를 늘 주의하며 말씀 안에서 깨어있으려고 노력합니다. 제 힘으로는 안 되기 때문에 날마다 성령을 의지하며 지혜를 구하고 있습니다.

보혜사 곧 아버지께서 내 이름으로 보내실 성령
그가 너희에게 모든 것을 가르치고
내가 너희에게 말한 모든 것을 생각나게 하리라

요 14:26

2부
마음이 예쁜 엄마

내 안에는 선한 것이 하나도 없고,
아이도 작은 죄인인데
더 큰 죄인이 작은 죄인을
어떻게 양육할 수 있을까요?
엄마로 만드신 분도 하나님이시고,
자녀를 주신 분도 하나님이시니
그분께 대책이 있을 것이라고 믿습니다.

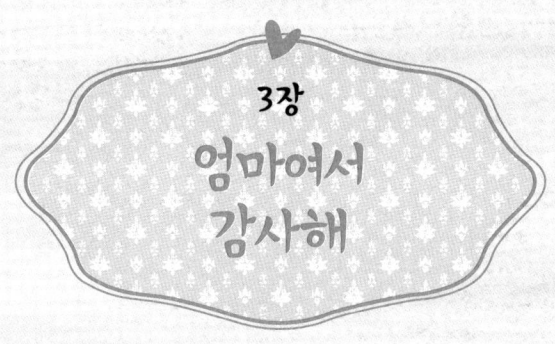

3장
엄마여서 감사해

연습 없이 시작된 엄마

저는 엉겁결에 연년생 두 아이의 엄마가 되었습니다. 아기 돌보미와 남편의 도움 덕분에 갓난아이 목욕도 제대로 안 시켜본 불량엄마입니다.

한 달간의 육아휴직 후에 바로 출근하느라 모유수유도 한 달밖에 하지 못했습니다. 모유를 짜서 냉장고에 보관하여 먹이는 워킹맘들에 비하면 저는 정말 이기적인 엄마였던 것 같습니다.

"사랑하는 자에게 잠을 주신다"라는 말씀으로 깊은 잠을 자는 저를 위로하곤 했지만, 그 깊은 잠 때문에 아이들의 밤중수유를 놓친 적도 있습니다. 대개 남편들은 아이의 울음소리를 잘 못 듣고, 아이가 울면 엄마들이 바로 깬다는데, 저는 아이의 울음소리가 자장가처럼 들렸습니다.

결국 밤중수유는 남편의 몫이 되었지요. 남편은 한 달밖에 몸조리를 못하는 제가 안쓰러웠는지 아이가 울 때마다 일어나서 분유를 타서 먹였지요.

신생아는 밤에도 여러 차례 깨서 울기 때문에 잠을 설친 나머지 아이가 우는데도 저와 남편 둘 다 일어나지 못하기도 했습니다. 아침에 일어나 보니 주원이가 울다가 아기침대에서 떨어진 상태로 잠들어있었지요. 배냇저고리는 다 풀어헤쳐져 배가 드러난 채 울다 지친 아기를 보니 눈물이 핑 돌았습니다.

저는 아기 울음소리도 외면한 나쁜 엄마라는 생각에 너무나 미안했습니다. 그래서 아이에게 젖병을 물리면서 말했어요.

"주원아, 미안해. 엄마를 용서해줘."

우유를 먹고 배가 부른 아이는 기분이 좋은지 예쁘게 웃어주었습니다. 그 미소가 제 죄책감을 눈 녹듯이 녹여주었습니다.

엄마의 양육이 먼저다

내가 네게 명령한 것이 아니냐
강하고 담대하라
두려워하지 말며 놀라지 말라
네(엄마)가 어디로 가든지
네(엄마) 하나님 여호와가
너(엄마)와 함께하느니라 하시니라

수 1:9

아이들을 양육하다 보면 두려울 때가 있습니다. 제가 잘하고 있는지 확신이 없을 때도 있습니다. 그럴 때면 꼭 이 말씀이 떠오릅니다. 하나님께서 함께하시니 두려워하지 말라는 말씀입니다.

저는 자녀 양육법을 세상이 아닌 성경에서 찾았습니다. '말씀대로 양육하자'가 제 육아철학입니다. 하나님께서 우리를 끊임없이 용납해주시듯이 자녀를 용납해주고, 하나님의 명령을 지키는 모습을 보여주는 것이 최고의 양육이라고 생각합니다.

결국 엄마가 말씀 안에서 잘 양육되어 가는 것이 먼저입니다. 엄마가 먼저 말씀에 순종하면 말씀에 순종하는 아이로 자랄 것입니다. 그렇다면 변해야 되는 것은 아이가 아니고 엄마입니다.

엄마가 거룩하면 거룩한 아이들로, 엄마가 성령충만하면 성령충만한 아이들로 자랄 것입니다. 엄마가 정직하면 정직한 아이들로, 엄마가 부모를 공경하는 모습을 보여주면 아이들도 역시 그렇게 자랄 것입니다.

아빠의 폭력이나 음란을 보고 자란 아들이 '나는 자라서 절대 아빠처럼 되지 않을 거야'라는 내적 맹세를 하지만 똑같은 모습으로 자라는, 죄가 대를 이어서 내려오는 모습을 주변에서 흔히 볼 수 있지요.

엄마는 말씀대로 살지 않으면서 아이에게만 강요하면 이중적인 아이로 자랄 수도 있습니다. 엄마가 볼 때는 말을 잘 듣고, 보지 않는 곳에서는 자기 마음대로 하게 되지요.

때로 아이들의 영적인 상태가 안 좋아 보이면 제 내면을 먼저 들여다봅니다. 회개할 것은 없는지, 하나님 앞에서 잘하고 있는지 점검하는 시간을 갖습니다.

> 예수께서 돌이켜 그들을 향하여 이르시되
> 예루살렘의 딸들아
> 나를 위하여 울지 말고
> 너희(엄마)와 너희 자녀를 위하여 울라
> 눅 23:28

저는 이 말씀을 자녀를 위해서 울며 기도하라는 뜻으로 이해하고 있었는데, 다시 묵상하며 "너희와 너희 자녀"라고 하신 것을 발견했습니다. 엄마가 먼저 회개하고 울어야 합니다.

먼저 저를 위한 회개의 눈물을 많이 심어야겠습니다. 엄마이기 이전에 하나님 앞에서 저도 자녀니까요. 엄마가 하나님 앞에서 잘 양육되면 아이들이 저를 보고 잘 양육될 것이라고 믿습니다.

일하는 엄마의 죄책감

아이들이 엄마를 가장 필요로 하는 유아기에 아이들을 어린이집에 보내는 것은 마음 아픈 일입니다. 예린이는 30개월부터 시립어린이집에 보냈습니다. 워낙 내성적이고 표현을 잘 하지 않는 아이라 그곳에서도 무척 부끄럼이 많은 아이로 통했지요. 그래도 사촌과 같이 다녔기 때문에 마음이 놓였습니다.

주원이는 시립어린이집에 자리가 없어서 18개월부터 가정어린이집에 보냈습니다. 그 무렵 뉴스에서 어린이집 사고 소식이 자주 나와서 마음이 아팠습니다. 아직 말도 못하는 아이에게 별일은 없는지 걱정이 되었습니다.

처음 보낸 어린이집이 아무래도 마음이 놓이지 않아 다른 어린이집으로 옮겼습니다. 당시 유난히 엄마를 좋아하는 주원이는 제가 퇴근하고 돌아오면 제 품을 떠나질 않았습니다. 그럴 때면 혹시 어린이집에서 안 좋은 일이 있어서 그런가 싶어서 더 마음이 아팠습니다. 저는 아이를 위해 아무것도 할 수 없어서 끌어안고 기도를 드렸습니다.

"예수님의 보혈로 아이를 덮습니다. 하나님께서 이 아이의 아빠시니까 지켜 보호해주세요."

씩씩하게 엄마와 헤어져서 등원하는 예린이와 달리 주원이는 어린이집 입구에서 저를 놓아주지 않습니다. 뽀뽀하고, "사랑해. 축복해. 고마워"라고 인사를 하고, 하이파이브까지 해도 보내주지 않습니다. 눈물을 글썽거리면서 2층 입구까지만 데려다 달라고 합니다. 2층까지 데려다주면 교실 안까지 들어와 달라고 합니다. 안 된다고 하면 저를 꼭 끌어안고 놓아주질 않습니다.

"엄마가 좋아."

"주원아, 미안해. 저녁에 같이 놀아줄게. 얼른 들어가야지."

그래도 한참을 끌어안고 있다가 마지못해 들어갑니다. 한번은 미팅이 있어서 인사도 제대로 못하고 나왔는데 나중에 들어보니 엄마한테 뽀뽀를 못했다고 한참을 울었다고 합니다.

지금도 아침에 일어나면 어린이집에 가는 날인지 꼭 확인합니다. 어린이집에 안 가고 저와 같이 있는 날을 제일 좋아합니다. 아이가 엄마의 빈자리로 인해 상처 입지 않고 몸도 마음도 건강한 아이로 자라나길 늘 기도합니다.

아이들뿐만 아니라 열심히 일하는 회사 직원들에게도 늘 미안합니다. 제일 늦게 출근해서 가장 먼저 퇴근하는 대표이기 때문입니다 (또 퇴근하고 돌아오면 아이들에게도 미안합니다).

일터에 있다 보니 저와 같은 일하는 엄마들을 많이 만나게 됩니다. 이야기를 나누어보면 아이들을 일찍부터 어린이집에 보내거나 아기 돌보미가 봐주는 경우가 대부분입니다. 맞벌이를 하지 않으면 생활이 안 되기 때문에 어쩔 수 없이 일하는 이 시대의 엄마들을 보면서 많이 안타까웠습니다.

사립유치원 내려놓기

우리나라 아이들은 4세 이전에는 보육 위주의 어린이집에 다닙니다. 그리고 5~7세에는 유치원에 다니는 것이 일반적입니다. 저도 주원이가 5세, 예린이가 6세가 되면서 유치원으로 옮기려고 했습니다.

마침 신앙교육까지 시켜주는 좋은 유치원을 추천받아 새학기부터 보내려고 했지요. 그런데 유치원비가 1년에 천만 원이나 들어서 고민이 되었습니다(두 아이를 모두 보내면 1년에 2천만 원입니다).

제가 혼자 결정할 사항이 아닌 것 같아 남편과 상의했습니다. 남편은 아이들에게 물어보고 결정하자고 했습니다. 저는 이런 생각이 들었습니다.

'어린아이들이 뭘 안다고 아이들 말을 듣고 결정하자고 하는 걸까? 부모가 결정해주고 따라오게 하는 게 맞지 않을까?'

어쩔 수 없는 하와의 죄성이 제 안에 있었습니다. 남편과 아이들을 내 뜻대로 하려는 원죄 말입니다. 저는 제 안에 뿌리 깊은 불순종의 죄가 있음을 늘 인식하고 있습니다. 세상에서 가장 경계해야 할 사람이 바로 저 자신이라는 것도 말입니다.

제 머리인 남편의 뜻에 복종하여 아이에게 물어보았습니다.

"예린아, 어린이집 그만두고 유치원으로 옮길까? 거기 친한 친구도 다니잖아?"

"엄마, 난 지금 어린이집이 좋아. 지훈(가명)이랑 헤어지기 싫어."

"지훈이가 그렇게 좋아?"

"응, 난 나중에 개랑 결혼할 거야."

겨우 5세인 꼬마가 좋아하는 남자아이 때문에 유치원으로 옮기기 싫다고 하니 웃음이 나왔습니다. 저는 아이의 의견에 귀 기울일 필요가 없겠다는 생각이 들었습니다.

"그럼 주원이는 어때? 거긴 공룡도 많이 있어. 유치원으로 옮길까?"

"우와~ 좋아. 그럼 난 옮길래."

주원이는 공룡으로 설득해서 넘어갔는데 예린이는 어떤 말을 해도 싫다고 했습니다. 그래서 남편과 이 문제를 다시 상의했습니다.

"여보, 예린이가 어린이집에 계속 다녀야 할까요, 유치원으로 옮겨야 할까요?"

"그냥 어린이집에 계속 다녔으면 좋겠어요."

남편과 아이가 모두 반대했지만 결국 제 욕심에 입학원서를 보내달라고 했습니다. "남편에게 복종하라"는 말씀은 온데간데없이 사라지고 제 자아만 충만해졌지요.

입학원서를 쓰려고 하는데 문득 '기도도 하지 않고 이 유치원에 보내는 것이 옳은가' 하는 생각이 스쳐 지나갔습니다. 성령께서 주신 생각이었습니다.

기도는 해보고 결정해야겠기에 기도를 시작했습니다. 기도에 깊이 들어가기도 전에 제 마음에 이런 감동이 올라왔습니다.

'너도 다른 엄마들처럼 아이들을 사교육 현장으로 내몰 거니?'

이런 하나님의 마음이 느껴질 때 약간 놀랐습니다. 하나님께서 유치원 문제까지 개입하신다는 것과 또 그 음성을 못 들은 척하려는 제 모습에 놀랐습니다. 저도 모르는 사이에 욕심이 제 생각을 사로잡고 있었던 것이지요.

그러나 부인할 수 없는 하나님의 마음을 깨닫자 제 욕심도 보게 되었습니다. 저도 공부를 많이 가르치는 유치원에 보내고 싶었던 것입니다.

어린이집에서 놀기만 하다가 오는 아이들을 보면, '우리 아이들만 너무 뒤처지는 건 아닌가' 하는 생각이 들었습니다. 그래서 제 욕심으로 한글, 수학, 영어, 과학, 음악, 미술, 체육은 물론 신앙교육까지 잘 가르치는 유치원에 보내고 싶었던 것이지요.

하지만 남들이 다 보내는 유치원에 못 보내게 하시는 하나님이 이해되지 않았습니다. 대학도 아니고 유치원에 보내는 문제로 책망을 받을 줄은 몰랐거든요. 하지만 순종이 제사보다 낫다고 하셨기에 결국 남편과 상의하여 아이들이 좋아하는 어린이집에 계속 보내기로 했습니다.

이 간증은 모든 엄마들에게 동일하게 적용되는 말씀은 아닐 것입니다. 또한 크리스쳔 부모들이 아이들을 유치원에 보내지 말아야 한다는 메시지는 더더욱 아닙니다. 단지 아이들은 하나님께서 내게 잠시 맡겨주신 그분의 자녀이기 때문에 그분께 여쭤보고 결정해야 한다는 뜻입니다.

네 은금은 내 것이요
네 아내들과 네 자녀들의 아름다운 자도 내 것이니라
왕상 20:3

저는 이 말씀을 깊이 묵상해보았습니다. 그 결과, 제가 잘못한 다섯 가지를 발견할 수 있었지요.
첫 번째는 하나님께 기도하지 않은 것입니다. 두 번째는 제 뜻대로 생각하고 결정하려고 했습니다. 세 번째는 아이의 뜻을 무시하고 존중하지 않았습니다. 네 번째는 아이들을 통해 제 욕심을 채우려고 했습니다. 다섯 번째는 남편의 뜻에 순종하지 않은 것입니다. 저는 제 안에 있는 총체적인 악(惡)을 보았습니다.

> 오직 각 사람이 시험을 받는 것은
> 자기 욕심에 끌려 미혹됨이니
> 욕심이 잉태한즉 죄를 낳고
> 죄가 장성한즉 사망을 낳느니라
> 약 1:14,15

만일 이때 제가 욕심대로 밀어붙였다면 여러 가지 시험거리가 생겼을 것입니다. 지금 아이가 7세가 되고 보니 하나님께서 왜 그렇게 인도하셨는지 조금은 이해가 됩니다.

큰아이는 30개월부터 어린이집을 다니기 시작했습니다. 수줍음이 무척 심하고 부끄러움이 많은 아이여서 낯선 어린이집에 처음 다니면 우는 게 정상인데, 예린이는 꾹 참고 눈물을 보이지 않았습니다.

차라리 울면 달래주기라도 할 텐데 눈물이 그렁그렁한 채 참고 있는 아이의 모습에 제 마음이 더 아팠습니다. 보통은 1년 정도 지나면 낯가림과 부끄러움이 없어지는데 예린이는 2년이 다 되어도 여전히 선생님 앞에서 모기만한 목소리로 이야기하고 눈도 잘 마주치지 못했지요. 선생님과 상담하면 이런 아이의 모습 때문에 걱정이 되곤 했습니다.

   심지어 교회 집사님이 "예린이는 너무 조용하고 다른 아이들과 못 어울리는 것 같아 도움이 필요해 보인다"라고 조언해줄 정도였습니다. 다른 집사님들도 예린이는 꼭 없는 것처럼 조용하다고 말씀하시곤 했지요.

   그러던 예린이가 6세 중반부터 급격히 활발해지고 밝아지면서 낯가림과 부끄러움이 서서히 사라졌습니다. 어린이집이 너무 재미있다면서 아침마다 즐겁게 등원하게 되었지요. 아이를 가장 잘 아시는 하나님께서 아이에게 가장 잘 맞는 환경에 남게 하신 것 같습니다.

   다시 돌아오지 않는 유아기에 공부에 대한 스트레스 없이 즐겁게 어린이집을 다니도록 해준 것이 아이들에게 준 가장 좋은 선물이 되었다고 생각합니다.

욕심 많은 엄마

   저는 어린 시절부터 성공해야 인정받을 수 있다는 인정중독에 시달렸습니다. 그러다 보니 성공지향적인 기질이 강해서 무엇을 하든 1등을 해야만 직성이 풀렸습니다.

이런 성향이 예수님을 향한 사랑으로 향하고 나서야 참 평안을 얻게 되었습니다. 그러나 그리스도 안에서 거듭났다고는 해도 제 기질 전체가 바뀐 것은 아니었어요. 이런 기질이 아이들을 키우면서도 나타났습니다.

유치원 대신 어린이집을 보내면서 내심 불안한 마음이 들었어요. '우리 아이들만 뒤처지면 어떡하지?'

그러다가 유아기 때 다른 건 안 시켜도 오르다(게임을 통해 수학적 사고력을 길러주는 놀이학습법)만큼은 시켜야 된다는 말을 들었습니다. 이 말을 여러 사람들에게 듣다 보니 불안한 마음이 생겨서 저도 체험을 신청했지요.

체험을 한 예린이가 재미있어하기에 바로 등록을 하려고 했습니다. 그런데 아이들이 체험을 하는 동안 유심히 관찰한 남편이 안 시켰으면 좋겠다고 했습니다. 아이들에게 너무 많은 것을 시키면 부작용이 있으니까 많이 놀게 하자고 말했습니다.

저는 아이들을 유치원에 보내지 않으니 최소한 그것만은 시키고 싶었지만 남편의 뜻에 순종하는 마음으로 내려놓았습니다. 그 후 며칠 동안 제가 왜 불안해하며 서둘렀는지 생각해보았습니다.

'이런 마음으로 부모들이 사교육에 돈을 쏟아 붓는구나.'

불안한 마음이 들자 급하게 서두르는 사단의 속성이 나타났습니다. 저도 육아가 처음이다 보니 휘둘릴 때도 있고, 불안할 때도 있습니다. 그러나 그때마다 하나님께서 남편을 통해 제가 사교육에 휘둘리지 않도록 잡아주십니다.

사교육이 전부 나쁘다는 의미는 아닙니다. 아이들에게 필요하다면 시키는 것도 좋지만 하나님의 인도함을 꼭 받아야 합니다. 불안함, 두려움, 급하게 서두르는 마음은 하나님으로부터 온 것이 아니기에 그럴 때마다 저는 기도하며 하나님의 뜻을 구하려고 애쓰고 있습니다.

> 어리석은 자들은 제 고집대로 하다가 죽을 것이며
> 미련한 자들은 자만하다가 망할 것이지만
> 내 말을 듣는 자들은
> 아무 두려움 없이 편안하고 안전하게 살 것이다
> 잠 1:32,33, 현대인의성경

욕심대로 하면 자만하다가 망한다고 하십니다. 아직도 욕심이 제 안에 살아있기 때문에 날마다 예수님을 의지하며 그분의 뜻을 구합니다. 그래야만 아이들이 평안하고 안정된 가정에서 자랄 수 있기 때문입니다.

엄마, 예쁘게 말해!

"연년생 자녀를 키우느라 힘들겠어요?"

주변에서 이렇게 물어보면 많이 힘들지 않다고 대답하곤 했습니다. 시댁과 합치기 전에는 아기 돌보미가, 시댁에서는 어머님이 봐 주셨기 때문에 저는 아이들과 재밌게 놀아주기만 하면 되었어요.

어머님이 아이들 밥을 먹이고, 목욕까지 다 시키신 상태에서 저는 어머님이 차려주시는 밥을 먹고, 아이들에게 책을 읽어주거나 함께 놀아주었습니다. 그러다 보니 아이들에게 늘 예쁘게 말할 수 있었고, 소리 지르거나 윽박지르는 일이 거의 없었습니다. 그래서 제가 '참 괜찮은 엄마'라고 자만했지요.

그러다가 예린이가 6세가 되었을 때 분가(分家)를 하게 되었습니다. 이전에는 아이들에게 밥을 먹이고 어린이집에 보내는 것이 그렇게 힘든 일인지 몰랐습니다. 밥도 떠먹여 줘야 먹고, 씻으라고 해도 꼼지락거리는 아이들을 보면서 화가 끓어오른 적이 한두 번이 아니었습니다.

아이들을 어린이집에 보내고 출근해야 하기 때문에 아이들을 재촉하며 서둘렀습니다. 그러다 보니 어느새 제 예쁜 말투는 온데간데없고, '소리 지르는 엄마'로 변해가고 있었지요.

"얘들아, 빨리 밥 먹어! 빨리 양치해! 빨리 세수해!"

'빨리'라는 말을 입에 달고 살았습니다. 엄마의 부드러운 말투에 익숙해 있던 아이들은 분가 후 돌변한 제게 적응하지 못했습니다.

"빨리 좀 해! 제발 부탁이야."

"으앙~ 엄마! 예쁘게 좀 말해."

"알았어, 미안해. 엄마가 빨리 출근해야 돼서 그래."

엄마가 밉게 말한다면서 두 아이가 우는 날이 점점 많아졌습니다. 저는 이 상황을 어떻게 극복해야 할지 너무나 막막했지요.

아이들은 빨리 준비할 생각이 전혀 없는데 저만 마음이 급했습니다. 밥 먹다가도 장난감을 가지고 놀고, 아직 옷도 스스로 못 입기 때문에 다 입혀줘야 하고, 양치질까지 해줘야 하다 보니 아침부터 녹초가 되곤 했습니다.

그렇게 몇 개월이 지났습니다. 아이들은 제 말투에 대해 끝까지 지적했습니다. 제가 조금이라도 큰 소리로 말하거나 퉁명스럽게 말하면 "엄마, 예쁘게 말하기로 했잖아"라고 하면서 또 눈물을 글썽거렸지요.

5년간 엄마의 부드러운 모습만 보던 아이들은 급하고 서두르는 진짜 제 모습에 적응하지 못했습니다. 아이들이 퉁명스런 제 말투를 너무 싫어해서 예쁘게 말하려고 노력했지만 빨리 출근을 해야 되는 날이면 여지없이 무너졌습니다.

분가하고 1년이 지난 지금은 서로에게 조금씩 적응이 되었습니다. 예린이는 여전히 '예쁘게 말하는 천사 같은 엄마'를 찾고 있습니다. 그럴 때마다 제가 할 수 있는 말은 이것밖에 없습니다.

"예린아, 미안해. 엄마도 노력하고 있어."

스스로 괜찮은 엄마라고 자부했던 교만이 너무 부끄러웠습니다. 저는 괜찮은 엄마가 아니었습니다. 제가 직접 해보니까 아이들을 돌보는 게 얼마나 힘들고 인내심이 필요한 일인지 알게 되었지요.

지금은 겸손해져서 '환경이 나쁜 엄마를 만들 수 있다'고 생각합니다. 저는 부족하고 연약하기 때문에 날마다 성령님을 찾고 구할 수밖에 없습니다.

세상에서 제일 예쁜 엄마

저는 하나님을 만나면서 화상 입은 제 얼굴이 문제가 아니라 제 마음에 예수님이 없는 것이 가장 큰 문제임을 깨달았습니다. 그러자 얼굴에 대한 열등감에서 자유할 수 있었지요.

그런데 아이들이 자라면서 또다시 염려가 시작되었습니다.

'내 얼굴에 대해 아이들이 어떻게 생각할까? 엄마를 부끄러워하면 어떡하지?'

이런 생각이 들면 슬퍼졌습니다. 제 마음의 상처가 치유되긴 했어도 흔적이 남아있었기 때문이지요. 심지어 '아이들이 초등학교에 들어가기 전에 예수님이 빨리 재림하셨으면…' 하는 마음까지 들었습니다.

아직도 저는 초등학생들이 무섭습니다.

'우리 아이들 앞에서 친구들이 놀리면 어떻게 하지?'

또 제 아이들이 상처받을까봐 두려웠습니다.

어느 날, 아이들을 재우려고 같이 누웠는데 제 마음을 읽기라도 한 것처럼 아들이 말했습니다.

"엄마는 너무 멋져! 너무 예뻐! 너무 잘생겼어!"

잘생겼다는 말을 듣는 순간, 눈물이 왈칵 쏟아졌습니다. 제 평생에 처음 들은 말입니다. 그날 밤에 저는 아이들을 끌어안고 펑펑 울었습니다.

"엄마, 왜 울어?"

"너무 기뻐서 우는 거야."

제가 우니까 아이들도 눈물을 글썽거렸습니다. 저는 아이들이 더 놀랄까봐 눈물을 애써 참았습니다. 남자아이들에게 받았던 수많은 놀림과 저주의 말들을 아들을 통해 치유하시는 하나님의 사랑이 느껴졌습니다. 이후에도 아이들은 수시로 "엄마가 세상에서 제일 예뻐"라고 하면서 저를 위로해주었습니다.

다음날, 남편에게 아이들을 통해 제가 얼마나 큰 위로를 받았는지 그대로 전해주었습니다. 그 이야기를 다 들은 남편이 말했어요.

"여보, 당신은 너무 잘생겼어."

"하하, 두 번째 들으니까 눈물이 안 나는데요."

하루는 아들이 제게 말했습니다.

"엄마, 지구는 너무 아름다워."

"왜 그렇게 생각해?"

"우리 엄마가 있으니까!"

순간 저는 할 말을 잃었습니다.

'어떻게 아이가 이런 말을 할 수가 있을까?'

아직도 남아있는 제 상처의 흔적들을 하나님께서 아이의 사랑의 언어로 치유해주심에 한없는 감사와 찬양을 드렸습니다. 유난히 아들을 통해 치유하시는 건 제가 남자아이들에게 놀림을 많이 받았기 때문인 것 같습니다.

주원이가 태어나던 날 제게 주신 말씀이 떠올랐습니다.

'이 아들은 여호와의 기업이며 네게 주는 상급이란다.'

하지만 화장을 지우고 아이들을 대면할 때면 아이들의 눈빛 속에서 많은 것을 읽게 됩니다. 3세가 된 주원이가 제 왼손의 상처를 보고 말했습니다.

"엄마, 손이 아야 했네? 내가 호~ 해줄게."

"주원아, 고마워."

"엄마, 이제 안 아프지?"

"응, 안 아파. 고마워."

5세가 되어서는 제가 화장을 하는 걸 보며 말했습니다.

"엄마, 이렇게 예쁜데 화장을 왜 해?"

저는 깜짝 놀랐습니다.

'아이의 눈에는 화장하지 않은 내 얼굴이 정말 예쁘게 보이는 것일까?'

흉터 많은 제 얼굴을 예쁘다고 말해주는 아들이 그저 고맙기만 했습니다. 가끔 주원이의 말을 남편에게 전하면서 아들을 통해 제 마음이 치유되고 있다고 하면 남편도 웃으면서 말해줍니다.

"당신은 화장하지 않아도 예뻐요."

저는 제가 주는 것보다 더 많은 사랑을 남편과 아이들에게서 받고 있습니다. 사랑받는 게 너무 좋아서 제가 먼저 물어보았습니다.

"주원아, 지구가 왜 아름다워?"

"왜냐하면 예수님이 있으니까~."

"아! 그게 정답이네."

순간 제가 기대했던 답이 아니어서 조금 서운했지만 다시 생각해보니 정말 맞는 말이었지요. 오히려 제가 주원이에게 배웠습니다.

나는 엄마입니다

저는 가끔 아이들을 꼭 안고 말합니다.
"엄마로 만들어줘서 고마워."
저는 세상에서 엄마를 가장 사랑했고, 지금도 엄마를 떠올리면 눈물부터 고입니다.

세상에서 가장 아름다운 이름, 엄마.
세상에서 가장 약하지만 가장 강한 엄마.
자녀를 위해 눈물로 기도할 수 있는 엄마.
자녀를 위해 대신 아프고 싶은 엄마.
자녀를 위해 대신 죽어줄 수 있는 엄마.

엄마는 정말 위대합니다. 그리고 그 사랑은 예수님의 사랑을 닮았기에 아름답습니다. 전 세계적으로 존경받는 사람의 뒤에는 희생적인 사랑과 헌신을 한 엄마가 있는 경우가 많습니다. 저도 아이들에게 그런 엄마가 되고 싶습니다.

이렇게 아름다운 직분을 주신 하나님께 늘 감사를 드립니다. 제게 과분한 아이들을 맡겨주신 것도 정말 감사합니다. 어여쁜 아이들을 맡을 자격이 없는데 잠시 맡겨주시고 때마다 지혜를 주시니 그 은혜에 감사밖에 나오지 않습니다.

모든 게 처음이고 어떻게 해야 할지 모를 때마다 지혜를 구하며 했던 기도가 쌓여 어느새 7년이 되었습니다. 백지처럼 순수한 영혼에 엄마로 인해 상처가 나지 않을까, 엄마로 인해 아프지 않을까 하나님께 기도하며 '제가 잘하고 있나요?' 확인하면서 여기까지 왔습니다.

아이들을 낳은 후에 빠지지 않는 기도제목이 '자녀양육에 지혜를 주세요'입니다. 제 힘으로 키울 수 없다는 생각이 많이 들기 때문이지요.

> 너희 중에 누구든지 지혜가 부족하거든
> 모든 사람에게 후히 주시고 꾸짖지 아니하시는
> 하나님께 구하라 그리하면 주시리라
> 약 1:5

아이를 창조하신 하나님의 생각과 지혜와 뜻대로 키워야 하기에 그분께 지혜를 구하는 것입니다. 저는 '내 뜻'과 '내 욕심'이 가장 무섭습니다. '내 마음대로 육아'는 아이를 망칠 뿐입니다.

내 안에는 선한 것이 하나도 없고, 아이도 작은 죄인인데 더 큰 죄인이 작은 죄인을 어떻게 양육할 수 있을까요? 엄마로 만드신 분도 하나님이시고, 자녀를 주신 분도 하나님이시니 그분께 대책이 있을 것이라고 믿습니다. 우리는 대책 없이 일을 저지르기도 하지만 하나님은 실수가 없고 완전하신 분입니다. 그렇기에 그분을 100퍼센트 신뢰하고 믿으며 맡길 뿐입니다.

> 너희 염려를 다 주께 맡기라
> 이는 그가 너희를 돌보심이라
>
> 벧전 5:7

날마다 나를 십자가에 못 박고,
날마다 내 안에 예수님을 모셔 들이고,
그분이 말씀하시는 대로 아이들을 키울 때
하나님께서 기뻐하시는 육아를 할 수 있습니다.

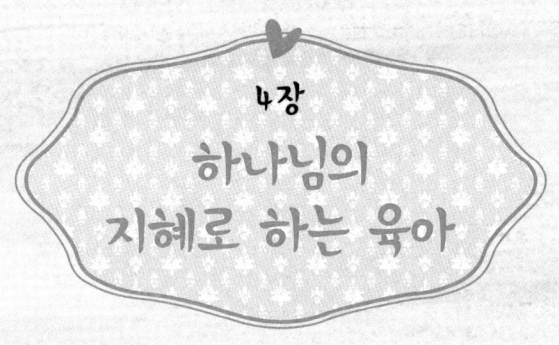

매뉴얼대로 키우기

모든 제품에는 매뉴얼이 있습니다. 에어컨에도 선풍기에도 제품 설명서가 있습니다. 시원하게 하는 기능은 두 기기가 비슷한데 성능이나 구성은 매우 다릅니다.

아이들도 보기에는 비슷한 것 같지만 저마다 하나님께서 지으신 목적과 계획이 있습니다. 하나님은 모든 아이들이 1등을 하도록 만들지 않으셨고, 모든 아이들이 공부를 잘하도록 만들지도 않으셨습니다.

이 땅에서 1등이 천국을 보장하지 않습니다. 비록 이 땅에서 부자가 아닌 거지 나사로처럼 살더라도 그 마음에 예수님이 있다면 천국에서 영원히 예수님 곁에서 살 수 있습니다.

내 아이를 잘 키우는 매뉴얼은 바로 성경말씀입니다. 저는 자녀 양육서를 많이 읽지 못했지만 성령께서 아이들의 주인이 되셔서 저를 도와주십니다. 때론 책망도, 위로도, 격려도 해주시지요.

내 아이가 아닌 '하나님의 아이'라고 생각하며 말씀에 순종하고 말씀대로 아이를 키운다면 당장 눈에 보이는 결과가 없을지라도 하나님께서 책임져주실 겁니다.

  반면에 내 소유물로 생각하고 자녀를 우상 삼는다면 그 결과는 내가 책임져야 할 것입니다. 그 쓴 열매는 고스란히 내가 먹게 될 것입니다. 그래서 저는 전자의 방식으로 키우기로 결심했습니다. 가끔 흔들리거나 어느 길이 맞는지 헷갈리기도 하지만 그럴 때마다 성령님을 꼭 붙들고 도와달라고 기도합니다.

  자녀양육의 주인은 결국 예수님이십니다. 그렇기에 나를 내려놓고 말씀에 순종하여 말씀대로 양육하고자 합니다.

> 내가 그리스도와 함께 십자가에 못 박혔나니
> 그런즉 이제는 내가 사는 것이 아니요
> 오직 내 안에 그리스도께서 사시는 것이라
>
> 갈 2:20

  날마다 나를 십자가에 못 박고, 날마다 내 안에 예수님을 모셔 들이고, 그분이 말씀하시는 대로 아이들을 키울 때 하나님께서 기뻐하시는 육아를 할 수 있습니다.

낭비하면 안 돼요

제 어린 시절에 비해 요즘 아이들은 풍족한 시대를 살아가고 있습니다. 먹고 싶은 건 언제든지 먹을 수 있고, 갖고 싶은 장난감은 무엇이든 가질 수 있지요. '아무런 고난도 없고 원하는 건 뭐든지 가질 수 있는 게 과연 축복일까?' 저는 늘 고민합니다. 그런 환경 때문에 천국에 못 갈 수도 있다는 생각을 늘 가지고 있지요.

낙타가 바늘귀로 들어가는 것이
부자가 하나님의 나라에 들어가는 것보다 쉬우니라 하시니
눅 18:25

그래서 저는 아이들을 좀 부족하게 키우려고 합니다. 물이나 휴지, 전기를 낭비하지 않도록 훈계를 많이 하는 편이지요.
"예린아, 물을 계속 틀어놓으면 안 돼. 아프리카 친구들은 흙탕물을 먹고 있는데 우리가 이렇게 낭비하면 안 되겠지?"
책에서 아프리카의 가뭄과 가난한 아이들에 대해서 읽었기에 예린이와 주원이는 그들의 상황에 대해 어느 정도 알고 있지요. 또 아이들에게 하나님께서 만드신 지구를 더럽히지 말고 아껴서 사용하자고 말합니다. 화장실을 사용하고 불을 끄지 않으면 반드시 가르

쳐줍니다.

"주원아, 전기를 낭비하면 안 되겠지?"

하루는 주원이가 식탁에 물을 흘려서 예린이가 티슈 한 장을 뽑아서 닦았습니다. 그러자 남편이 아이에게 말했습니다.

"휴지를 많이 뽑아서 닦아야지."

"그러면 나무를 더 많이 잘라야 하잖아."

예린이는 양치하거나 세수할 때도 꼭 필요할 때만 물을 틀고, 쉬를 하고도 화장지를 조금만 뜯어서 닦습니다.

아이의 말이 맞지만 아빠의 권위도 세워줘야 하기에 제가 얼른 말했습니다.

"여보, 제가 행주로 닦을게요."

남편은 휴지를 편하게 사용하는 편이고, 저는 아껴서 사용하는 편입니다. 아이들에게는 아껴야 한다고 가르치지만 남편에게는 잔소리를 하지 않습니다. 주께 하듯 하라고 하셨고, 제가 주님께 잔소리를 하진 않으니까요.

저희는 장난감도 많이 사주지 않는 편입니다. 어린이날처럼 특별한 날에만 사준다는 원칙을 정했습니다. 평소에 사달라고 하면 생일이나 크리스마스, 명절까지 기다리라고 하지요.

사달라고 해도 안 사주니까 지금은 장난감을 사달라는 말도 잘 안 합니다. 저는 아이들이 요새 많이 가지고 노는 자동차 변신 로

봇 시리즈도 사주지 않았습니다. 아예 장난감을 파는 곳에는 잘 데리고 가지 않습니다. 가더라도 꼭 갖고 싶은 장난감을 한 개만 고르도록 합니다.

한번은 남동생이 제게 "누나, 장난감을 너무 안 사주는 거 아니야? 요즘 애들 다 가지고 노는데 좀 사주지"라고 했습니다.

그래도 저는 부족하게 키워야 한다고 말합니다. 너무 없는 것도 문제지만 원하는 것이 바로바로 생긴다면 인내심도 끈기도 배울 수 없거든요.

예수님이 내 마음속에 있어요

제가 아이들에게 물려주고 싶은 최고의 유산은 예수님입니다. 천국은 마치 밭에 감추인 보화와 같다고 하는데 제가 발견한 이 값진 보화인 예수님을 아이들에게 꼭 전해주고 하늘나라로 가고 싶습니다. 그것은 엄마인 제게 주신 하나님의 소명입니다. 아이들을 맡겨주신 것도 청지기로서 그 사명을 잘 감당하라는 뜻이라고 믿고 있습니다.

소천하신 엄마의 마지막 기도가 제 구원이었던 것처럼 제게 유언을 남길 마지막 시간이 주어진다면 저도 이렇게 말할 것입니다.

"엄마보다 예수님을 더 잘 믿으렴. 천국에 먼저 가서 너희들을 위해 기도하고 있을게. 천국에서 만나자."

아이들과 죽음에 대해 다룬 동화책인 《지구별 소풍》을 읽은 적이 있습니다. 주인공 봄이는 주말마다 병원에 있는 엄마를 만나 엄마 품에서 자고 옵니다. 어느 날, 옆 병상의 할머니가 돌아가셨습니다. 봄이가 울음을 터트립니다.
"엄마는 할머니처럼 죽지 마."
"봄이야, 사람은 누구나 죽는 거란다."
"안 돼, 엄마는 내가 지켜줄 거야."
봄이의 엄마는 '우리는 모두 지구별로 소풍 온 것'이라고 설명해 줍니다. 지구별 소풍이 끝나면 하늘나라로 가야 한다고 말하고, 일주일 후에 하늘나라로 떠납니다.
저는 아이들에게 책을 읽어주면서 눈물이 나오려는 걸 꾹 참았습니다. 그리고 인생에 반드시 찾아오는 죽음에 대해 잘 설명해주었지요. 아이들이 예수님을 만난다면 죽음도 우리의 사이를 갈라놓을 수 없습니다. 하늘나라에서 다시 만나기 때문입니다.
아이들에게 세상의 성공과 많은 재산은 물려주지 않더라도 목숨을 걸고 물려주어야 할 유산은 예수 그리스도이기에 저는 매일 아이들과 함께 예배를 드리고, 말씀을 읽고 삶을 나누며 말씀을 적용하는 훈련을 합니다.

지금은 엄마의 신앙고백으로 인해 아이들이 "예수님이 내 마음속에 있어요. 예수님을 제일 사랑해요"라고 하지만, 언젠가 그 고백이 아이들의 진정한 신앙고백이 되길 간절히 기도합니다.

기도하는 아이로 키우기

몇 년 전에 "생각대로 해, 그게 답이야!"라는 광고 문구를 듣고 남편과 대화를 나눈 적이 있습니다. 저는 대수롭지 않게 흘려들었는데 남편은 무척 걱정했습니다.

광고 문구가 너무 위험하다는 것입니다. 우리의 생각은 악하고 음란하고 타락했는데 그 생각대로 하라는 문구가 대한민국을 강타하고 있으니 염려가 된다고 말이지요.

남편의 말을 듣고 보니, '내 생각대로 한 결과는 선악과를 따먹고 하나님과 멀어지게 된 것'이라는 생각이 들었습니다. 그러자 아이들이 이 사상에 물들면 안 되겠다고 느꼈습니다.

내 생각대로 하면 이기적이고 나밖에 모르는 아이로 자라게 됩니다. 지금의 청소년들은 우리 때와는 다르게 얼마나 음란하고 악한지 모릅니다. 친구들을 왕따시키는 게 당연한 학교문화 속에서 아이들은 피해자 아니면 가해자가 됩니다.

왕따 당하는 아이를 두둔하면 같이 왕따를 당하기 때문에 그 아이를 누구도 보호해줄 수 없고, 심지어는 선생님도 지켜줄 수 없습니다.

또한 전 세계적으로 합법화되어 가는 동성애에서도 내 아이가 자유로울 수 없는 상황입니다. 아이들은 우리의 어린 시절에는 상상도 할 수 없던 악한 환경에 노출되어 있지요. 이 환경을 이길 수 있게 해주실 분은 하나님밖에 없습니다.

다니엘은 사자굴에 던져질 위기 속에서도 기도로 하나님 앞에 나아갑니다.

> 다니엘이 이 조서에 왕의 도장이 찍힌 것을 알고도
> 자기 집에 돌아가서는 윗방에 올라가
> 예루살렘으로 향한 창문을 열고
> 전에 하던 대로 하루 세 번씩 무릎을 꿇고 기도하며
> 그의 하나님께 감사하였더라
>
> 단 6:10

지금의 학교는 마치 사자굴 같습니다. 아직 아이들이 유아기이긴 하지만 머잖아 다가올 초등기를 생각하면 두려운 것도 사실입니다.

지금은 아이들이 다니엘처럼 스스로 하나님께 기도하지 못하지만 매일 드리는 QT예배를 통해서 어떤 환경에서도 하나님께 기도하는 아이들로 자라도록 돕고 있습니다.

하나님 다음으로 사랑해

아이들에게는 엄마 아빠가 세상의 전부입니다. 그래서 엄마와 아빠를 잃으면 세상 전부를 잃은 것과 같습니다. 아이들은 자라면서 부모에게 이런 사랑고백을 많이 합니다.

"나는 엄마가 세상에서 제일 좋아."

아이가 어렸을 때 한 번 정도는 들어본 말일 것입니다. 저는 처음으로 예린이에게 이 말을 들었을 때 바로 정정해주었어요.

"예린아, 하나님 다음으로 엄마를 좋아해야 돼."

제 경우에 세상에서 가장 사랑하는 사람이 엄마였습니다. 그래서 하나님보다 더 사랑하는 것은 우상이 될 수 있음을 처절하게 깨달았지요. 아이들이 무심코 한 말이고, 어차피 신앙이 자라면서 스스로 깨달을 수도 있지만 저로서는 그냥 지나칠 수가 없었습니다.

주원이도 말을 시작하자, 엄마가 세상에서 제일 좋다는 사랑고백을 했습니다. 저는 바로 정정해주었지요.

"주원아, 하나님 다음으로 엄마를 좋아해야 돼~."

대답하여 이르되
네 마음을 다하며 목숨을 다하며
힘을 다하며 뜻을 다하여
주 너의 하나님을 사랑하고
또한 네 이웃을 네 자신 같이 사랑하라 하였나이다
눅 10:27

이 말씀을 마음에 새겨주고 싶었기 때문에 항상 우선순위를 하나님께 두도록 강조했습니다. 귀에 딱지가 앉을 정도로 말해주었기 때문에 지금은 이렇게 말합니다.
"하나님 다음으로 엄마가 세상에서 제일 좋아."
하나님을 가장 사랑하는 아이들로 자라길, 엄마의 신앙고백이 아이들 자신의 신앙고백이 되길 소망합니다.
또한 가정의 질서와 권위에 대해서도 아이들에게 많이 강조합니다. 하나님께서 우리 가정의 주인이시고, 그 다음 대장은 아빠라고 말입니다. 저는 남편을 '척척박사'라고 부르기도 해요. 그를 세워주고 인정해주기 위해서입니다.
요즘은 아빠의 권위와 질서가 아이보다 못한 집이 많은 것 같아 너무 안타깝습니다. 가정의 질서만 바로잡아도 육아는 한결 쉬워질 것입니다. 첫 단추를 바로 끼워야 하는 것처럼 말이지요.

감사 훈련

아이들을 키우다 보면 아프거나 다치는 일이 종종 생깁니다. 특히 아들인 주원이는 위험하게 노는 경향이 있습니다. 주원이가 두 돌도 되지 않았을 때 유아의자에서 거꾸로 떨어져서 머리를 심하게 부딪친 적이 있습니다.

얼마나 세게 부딪쳤던지 2층에서 자고 있던 남편이 그 소리를 듣고 깨서 내려왔을 정도였습니다. 저는 아이가 뇌를 다쳤을까봐 무척 염려가 되었습니다. 아니나 다를까 아이가 갑자기 구토를 하기 시작했고, 머리는 심하게 부어올랐습니다. 그래서 급하게 응급실로 향했지요.

병원으로 가는 차 안에서 저는 몹시 두려웠습니다. 아들이 뇌가 손상되어 장애를 입으면 어떡하나 하는 염려에 눈물조차 나지 않았습니다.

'하나님, 우리 주원이 어떡해요?'

너무 다급한 나머지 하나님의 음성조차 잘 들리지 않았습니다.

내가 무슨 잘못을 해서 그런 것은 아닌지, 회개할 것은 없는지 속으로 계속 기도하며 병원으로 갔습니다. 그때 하나님께서 말씀하셨습니다.

'딸아, 괜찮을 거야. 걱정하지 말아라.'

하지만 하나님의 음성을 듣고도 제 두려움은 사라지지 않았습니다. 다급한 상황에서 믿음을 지키는 것이 얼마나 어려운지요. 그 순간에 하나님보다 의사를 더 의지하는, 제 믿음 없는 모습 또한 보게 되었습니다.

병원에 도착하자마자 아이에게 수면제를 먹이고 뇌 CT촬영장으로 들어갔습니다. 아이를 계속 쳐다보고 있는데 빨간색 십자 선이 주원이의 몸 중심으로 지나갔습니다. 저는 그것이 십자가로 보였습니다. 마치 그 십자가로 주원이가 하나님의 아들임을 인쳐 주시는 것 같았습니다.

그러자 제 힘으로 아이를 지키거나 키울 수 없다는 고백이 흘러나왔지요. 주원이는 주님의 아들이고, 저는 청지기일 뿐이라는 고백과 함께 하나님께 아들을 드리는 기도를 했습니다.

감사하게도 주원이의 뇌는 아무 이상이 없었고, 심하게 부딪치면서 속이 울렁거려서 토한 것이라고 했습니다. 그제야 저는 안도의 숨을 내쉬었습니다.

사실 저는 하나님께서 말씀하셨을 때는 믿을 수가 없었습니다.

그래서 의사가 괜찮다고 하기 전까지 무척 불안했지요. 주원이의 사고를 통해 제가 얼마나 믿음이 없는지를 보게 되었습니다. 또한 제 힘만으로는 아이를 절대로 키울 수 없음을 다시 한 번 깨닫게 되었습니다.

이후로 아이가 크고 작게 다칠 때마다 아이에게 달려가서 말했습니다.
"하나님, 감사합니다. 지켜주셔서 감사합니다."
아파서 울고 있는 아들에게도 똑같이 고백하게 합니다.
"많이 안 다쳐서 감사하지? 하나님께 감사하다고 해봐."
"으앙~ 엄마, 다쳤는데 왜 감사해? 이렇게 아픈데."
"더 많이 다칠 수 있었지만 지켜주셨잖아. 감사하지?"
아이의 질문이 계속 이어집니다.
"다리에 피가 나도 감사해야 해?"
"그럼, 감사해야지."
"한쪽 다리를 절단해도 감사해?"
"다른 다리는 안 다쳤으니까 감사해야지."
"다쳐서 죽어도 감사해야 돼?"
"당연하지. 죽어서 천국에 갔으니까 감사해야지."
아이는 어디까지 감사해야 되는지 궁금했나 봅니다. 다른 날과는 달리 죽어도 감사해야 되냐는 질문에까지 이르렀지요. 저도 아이의 질문에 무척 당황했지만, 이 땅에서 잘될 때만 아니라 잘되지 않을지라도 범사에 감사하는 아이로 자라기를 바라는 마음으로 감사훈련을 시킨 것입니다.

"범사에 감사하라"(give thanks in all circumstances)는 말씀에서 '범사'는 영어로 일, 사건 등을 둘러싼 모든 환경과 상황을 말합니다. 어른들도 지키기 어려운 말씀이지만 어려서부터 마음에 새기며, 어떤 상황에서도 하나님께 감사를 올려드리는 아이들로 자라길 소망해봅니다.

자녀들이 싸울 때

말씀태교를 하고, 말씀암송예배를 드리고, 매일 QT를 해도 아이들도 어쩔 수 없는 작은 죄인이었습니다. 큰 죄인이 작은 죄인을 키운다는 것이 어불성설이었지요. 그렇기 때문에 날마다 하나님의 말씀에 의지해서 아이들을 키울 수밖에 없었습니다.

저는 아이들이 처음으로 떼를 쓰기 시작할 때 한 번, 두 아이가 서로 갖겠다고 싸울 때 두 번 당황했습니다. 남편과 싸우는 모습을 아이들에게 보여주지 않고 오직 말씀으로 양육했다고 생각했는데 아이들이 서로 싸우자 무척 당황스러웠지요.

"애들아, 엄마랑 아빠는 안 싸우는데 너희들은 왜 싸우는 거야?"

"우리도 노력하는데 잘 안 돼."

군대에서 훈련조교로 있었던 남편은 저와는 달리 아이들이 잘못할 때 무척 단호하게 야단치는 편입니다. 연년생인 두 아이는 잘 놀다가도 장난감을 서로 갖고 놀겠다고 싸우고, 더 많이 먹겠다고 싸웁니다. 여느 아이들과 다르지 않습니다.

아이들이 싸울 때면 남편이 말합니다.

"셋을 셀 동안에 서로 안아주고 용서를 안 하면 둘 다 엉덩이 맴매 세 대야."

"하나….."

"주원아, 미안해. 사랑해."

"누나, 미안해. 사랑해."

평소 남편은 아이들이 잘못을 하면 체벌을 합니다. 그래서 맴매의 맛을 아는 아이들은 누가 먼저랄 것도 없이 서로 끌어안으며 미안하고 사랑한다고 말합니다. 그러다 보면 어느새 깔깔거리면서 웃고 있지요.

"주원아, 누나가 더 사랑해. 하하하."

"아니야, 누나! 내가 더 사랑해. 하하하."

아이들은 서로 더 사랑한다면서 끌어안고, 더 미안하다면서 볼에 뽀뽀를 하다가 웃음을 터트립니다. 그러면 저는 서로 더 사랑하는 남매로 자랄 수 있도록 격려해줍니다.

친구와 갈등이 있다면

아이들은 자라면서 친구와 관계를 맺으며 갈등을 겪습니다. 아이들과 QT를 하면서 어린아이들 사이에도 갈등이 있음을 알게 되었지요.

나를 미워하고 괴롭히는 친구를 사랑하는 것은 어려운 일입니다. 우리 마음에 예수님의 사랑이 흐르지 않으면 우리 힘으로 어떻게 나를 싫어하는 사람을 사랑할 수 있을까요? 어른인 저도 힘든 일입니다. 그럼에도 아이들에게 하나님의 말씀을 가르치는 엄마로서 진리를 심어주려고 애씁니다.

QT를 하다 보니 아이들이 주기적으로 갈등이 생기는 친구들이 있다는 것을 알게 되었습니다. 저는 아이들의 친구 관계를 알아보기 위해 틈틈이 물어봅니다.

"예린이는 어떤 친구가 좋아?"

"엄마, 나는 다 좋아해. 그런데 정은(가명)이는 나를 안 좋아해."

"정은이가 어떻게 하는데?"

"역할놀이할 때 나만 안 끼워줘."

아이는 친구가 자기를 미워한다면서 속상해했습니다. 자기랑 안 놀아준다는 것입니다. 예린이는 모든 친구들이 자기를 좋아해주기를 바라는 마음이 있습니다.

첫째로 태어나서 엄마, 아빠의 사랑을 독차지했던 기간이 딱 1년입니다. 그러다가 동생이 태어나는 바람에 부모의 사랑을 나눠 갖게 되었지요. 게다가 주원이는 고집이 세고 독점욕이 강해서 누나에게 엄마의 품을 빼앗기지 않기 위해 무척 노력하며 쟁취하는 아이입니다.

둘째가 더 어리다 보니 제가 더 챙길 수밖에 없었는데 그것이 큰아이에게는 상처로 남았나 봅니다. 상대적으로 사랑을 많이 빼앗겼다고 느끼고 "엄마가 동생만 사랑하는 것 같다"라는 말을 하기도 했지요. 예린이가 소외감을 느끼지 않도록 "엄마는 둘 다 똑같이 사랑해"라고 말해주며 많이 안아주었습니다.

저는 딸에게 그 친구를 예수님처럼 사랑할 수 있겠느냐고 물었습니다.

"정은이가 너를 괴롭혀도 사랑하고 용서할 수 있겠니?"

"노력해도 잘 안 돼."

"그 애한테 사랑한다고 말해봐."

"알았어, 엄마."

거의 3개월간 갈등이 있었는데, 계속 친구를 사랑하고 용서해주라고 말해주었습니다. 그리고 최근에 사이가 회복됐다는 이야기를 들었습니다.

"엄마, 정은이가 바람개비를 잘 못 만들어서 내가 만들어줬어. 이제 걔도 나를 좋아해."

"우리 예린이, 참 잘했어."

모든 갈등을 해결하는 길은 사랑과 용서밖에 없습니다. 친구를 미워하는 마음으로는 아이의 마음만 병들 뿐입니다.

앞으로 친구 사이에 더 많은 갈등과 어려움이 기다리고 있을 것입니다. 저는 그 답으로 한결같이 용서와 사랑을 가르치려고 합니다. 친구에게 불만이 있어도 서로 용납하고 용서한다면 하나님께서 관계를 회복시켜주실 것이라 믿기 때문이지요.

누가 누구에게 불만이 있거든
서로 용납하여 피차 용서하되
주께서 너희를 용서하신 것 같이
너희도 그리하고

골 3:13

주원이도 6세에 접어들면서 친구와 갈등이 조금씩 생기기 시작했습니다. 짝꿍이 떼를 많이 써서 자기가 힘들다는 이야기를 하는데 너무 기가 막혔습니다. 자기가 떼를 부리는 건 생각하지도 않고 친구만 지적하는 아이를 보면서 '원죄를 가지고 태어난 죄인이라 어쩔 수 없구나' 하는 생각이 들었지요.

어느 날, 주원이가 하원하다가 친구의 아빠를 만난 모양입니다. 그 아빠에게 이런 질문을 했다고 합니다.

"정훈(가명)이가 집에서도 떼를 많이 부리나요?"

친구 아빠가 대답했습니다.

"응, 집에서도 떼를 많이 쓴단다."

주원이는 그럴 줄 알았다는 듯이 제게 그 아이의 흉을 보았습니다. 자기 귀에 대고 소리를 크게 질러서 무척 힘들었다고 하소연도 했습니다.

"귀에 대고 소리 지르면 고막이 다칠 수 있으니까 그러지 말라고 말해."

"고막을 다치면 수술해야 돼?"

"심하게 다치면 귀가 안 들릴 수도 있으니까 꼭 말해줘."

"엄마는 내가 걔한테 똑같이 소리 지르면 좋겠어?"

제가 아이들이 다치는 것에 민감해서 강하게 말하다 보니 친구에게 소리를 지르면서 말하라는 뜻으로 이해한 것 같았습니다. 그것이 평소 엄마의 가르침과 반대된다고 생각한 아이가 오히려 제게 훈계를 한 것이지요.

어떤 상황에서든 아이들이 하나님의 말씀처럼 이웃인 친구를 사랑하고 용서하며 자라는 것이 제 기도제목입니다.

너희 자녀를 위해 울라

아이를 키우면서 하나님 아버지의 마음과 사랑을 더 깊이 깨닫곤 합니다. '내가 자녀를 사랑하는 것처럼 하나님도 나를 사랑하시겠구나'라고 느낄 때면 하나님께서 이런 마음을 주십니다.

'효진아, 내 사랑은 네 사랑보다 더 크단다. 네가 아이들을 사랑하는 것보다 더 큰 사랑으로 너를 사랑한단다.'

그렇게도 사랑스런 아이들이 떼를 쓰기 시작하면서부터 하나님의 말씀대로 키우기 위해 매를 들기로 했습니다.

> 아이들은 미련한 짓을 하기가 일쑤지만
> 징계의 채찍으로 이런 것을 바로 잡을 수 있다
> 잠 22:15, 현대인의성경

'누가 매를 드느냐'를 두고 상의하다가 아이들과 애착관계가 더 좋은 제가 하는 게 좋겠다고 남편이 제안했지요. 남편이 하게 되면 아이들에게 상처로 남을 수도 있고, 하나님 아버지와 친밀함에도 문제가 될 것 같아 제가 매를 들기 시작했습니다.

남편은 아이들이 떼를 쓰는 것은 부모들을 조종하려는 것이기 때문에 받아주지 말라고 주장합니다. 그러나 엄마의 입장에서 떼쓸 때마다 매를 드는 것은 쉬운 일이 아니었지요.

가끔은 그냥 받아주고 안아주며 다 들어주고 싶은 것이 제 마음이었습니다. 아직 기저귀도 떼지 않은 아이들에게 매를 드는 것이 과연 잘하는 일인지 의문도 많았습니다.

저는 플라스틱으로 된 커다란 회초리를 들고 아이들이 떼를 쓰며 울기 시작하면 먼저 경고를 했습니다.

"셋을 셀 동안 안 그치면 맴매를 할 거야!"

저는 마음속으로 기도하며 매를 들었습니다.

'하나님, 도와주세요. 성령님, 이 장소에 임해주세요.'

늘 예쁘게 말하는 엄마가 설마 맴매를 할 거라고 생각하지 못했는지 처음에 때릴 때는 크게 울며 저항했습니다.

하루는 떼를 쓰는 예린이를 훈계하기 위해 방으로 데리고 들어갔습니다. 시댁에서 함께 살고 있을 때라서 아무도 없는 안방으로 데리고 갔지요. 아무리 어린아이지만 많은 사람 앞에서 체벌을 하면

수치심을 느낄 수도 있기 때문입니다. 안방에 들어가서도 계속 떼를 쓰는 예린이의 엉덩이를 회초리로 때려주었습니다.

저는 매를 들 때마다 간절한 마음으로 하나님의 임재를 구하는 기도를 드립니다. 아이가 떼를 쓰면 정신이 없지만 하나님의 임재 가운데 아이를 훈육하는 것은 정말 중요하다고 생각합니다. 내 뜻대로 매를 든다면 자칫 아이에게 큰 상처를 남길 수도 있고, 내 감정이 통제가 안 될 수도 있기 때문이지요.

제가 한 대 때리면 아이는 더 크게 소리를 지르며 떼굴떼굴 구르며 웁니다. 그 순간은 마음이 너무 아픕니다. 차라리 저를 때리고 싶은 심정이지요. '꼭 이렇게까지 해야 하나' 싶은 생각이 들면 하나님의 말씀이 떠오릅니다.

"매를 아끼는 자는 그의 자식을 미워함이라."

두 대째 때리는 순간에도 기도합니다.

'아빠, 예린이가 마음에 상처받지 않게 해주세요.'

두 번째 매에도 아이는 고집을 꺾지 않고 떼를 씁니다. 그러나 세 번째 매를 들면 떼쓰는 것을 멈추고 눈물을 그칩니다.

그때 아이에게 제 눈을 보라고 합니다. 그러면 예린이가 제 눈을 피합니다. 아이들도 자신이 잘못해서 혼나는 것을 알기 때문에 눈빛을 피한다는 것을 알게 되었지요. 그때 저는 아이의 눈을 보며 기도합니다.

'하나님께서 심지 아니한 모든 성품들은 떠나갈지어다!'

입술로 선포하면 아이가 혹시나 상처받을까봐 눈을 보면서 마음으로 선포합니다. 그러고는 아이가 입술로 잘못을 고백하도록 시킵니다. 저는 입술의 고백이 중요하다고 생각합니다.

성경은 우리가 "마음으로 믿어 의에 이르고 입술로 시인하여 구원을 받는다"고 말씀하십니다(롬 10:10). 그렇기에 아이의 귀에 들리도록 스스로 잘못했다고 고백할 때 떼쓰는 습관이 고쳐질 거라고 생각합니다.

"엄마를 따라해. '잘못했어요. 떼 안 쓸게요'라고."

"잘못했어요. 떼 안 쓸게요."

그리고 나서 눈물을 뚝뚝 흘리는 아이를 꼭 안아줍니다.

"예린아, 사랑해. 엄마가 널 사랑해서 맴매하는 거야. 이젠 엄마 말씀 잘 들을 거지?"

"날 사랑해서 맴매하는 거야?"

"그래, 이제 떼쓰지 마. 알았지?"

"응, 엄마."

아이가 하나님의 성품으로 자랄 수 있도록 기도하는 마음으로 매를 들지만 혹시 딸의 마음에 상처로 남을까봐 잠들기 전에 아이를 꼭 안아주며 치유의 시간을 갖습니다.

"많이 아팠어?"

"응, 엄마. 예린이 맴매하지 마. 예린이 예뻐."

"미워서 맴매하는 게 아니야. 널 사랑해서 맴매하는 거야."

아이가 울먹이면서 대답하는데 제 마음이 너무 아팠습니다. 엄마인 제가 더 치유가 필요했습니다. 눈물을 삼키고 아이를 꼭 안아주었습니다.

"예린아, 사랑해."

"엄마, 사랑해."

체벌을 하는 이유를 잘 설명해주고 마음까지 치유해주면 아이는 다시 천사 같은 모습으로 돌아옵니다. 매는 아이를 때리는 것이 아니라 악을 쫓아내는 것에 목적이 있습니다.

상처가 나도록 때리고 엄하게 벌하면
마음속 깊은 곳에 있는 악도 몰아내게 된다
잠 20:30, 현대인의성경

체벌을 통한 순종훈련

"순종이 제사보다 낫다"고 하신 하나님의 말씀은 때론 어른인 저도 지키기가 무척 어렵습니다.

'부모의 말에 순종하지 않는 아이가 어떻게 하나님의 말씀에 순종할 수 있을까?'

이런 마음으로 저는 불순종의 잘못을 말씀으로 다스려보고자 노력하는 편이지요. 아이들이 떼를 쓰면서 시작된 체벌 횟수가 초반에는 잦았습니다. 그런데 아이들이 5세가 되면서부터 조금씩 줄어들었습니다.

떼를 쓸 때마다 '체벌해야 하나, 말아야 하나'로 얼마나 많이 고민하며 기도했는지 모릅니다. 성경말씀이 아니었다면 인본적인 사랑으로 체벌을 하지 못했을 것입니다. 체벌을 넘어 폭력으로 간다면 큰 문제이지만 말씀에 의지하여 성령 안에서 체벌한다면 다음은 하나님께서 일하실 것입니다.

우리가 할 것은 말씀에 대한 순종입니다. 잠언에 매에 대해서 많이 다루고 있습니다. 저도 인본적인 생각이 올라오고 마음이 흔들릴 때면 이 말씀을 떠올립니다. 내 생각으로 다 이해되지 않고, 때론 무식한 엄마처럼 보일지라도 말씀이 하라는 대로 순종하면 그 열매를 보게 될 것이라고 믿습니다.

매를 아끼는 자는
그의 자식을 미워함이라
자식을 사랑하는 자는

근실히 징계하느니라

잠 13:24

주로 2~4세가 집중적으로 떼를 쓰는 시기인데, 이때 부모의 매를 맛보았기에 지금은 제가 '맴매'라는 말만 해도 말을 잘 듣습니다. 만약 2세 때 아이의 떼를 잡아주지 않았다면 지금쯤 고집과 불순종이 더 자랐을 것입니다.

아이가 어릴수록 순종훈련을 시키기가 쉽습니다. 성경에서는 아직 희망이 있을 때, 즉 조금이라도 더 어리고 징계가 먹힐 때 매를 들라고 하십니다.

아직 희망이 있을 때 자녀를 징계하라
그러나 죽일 마음은 품지 말아라

잠 19:18, 현대인의성경

하지만 평소에 부드럽고 따뜻한 엄마가 맴매를 하는 것이 주원이에게 상처가 되었나 봅니다. 교회에서 예배드리고 나눔을 하는데 주원이가 전도사님에게 이런 고백을 했다고 합니다.

"주원이의 마음이 갇혀있는 곳은 어디에요?"
"엄마가 자꾸만 혼내요."

"주원이가 잘못도 안 했는데 혼내요?"

"네."

저는 선생님께서 찍어서 보낸 영상을 보고 종일 일이 손에 잡히지 않았습니다. 아이가 저 때문에 마음이 갇혀있었다는 말에 충격을 받았습니다. 집에 돌아와서 아이에게 엄마가 사랑해서 매매하는 것이고, 하나님의 말씀대로 키우기 위한 것이라고 설명하며 기도해주었지요.

또 다른 사랑

나중에 아이들과 이솝우화 《도둑 어머니의 가르침》을 읽으면서 엄마의 훈계가 얼마나 중요한지 생각해보기도 했습니다.

아들이 어릴 적부터 도둑질을 했는데 어머니가 야단은 치지 않고 오히려 좋아했습니다. 바늘도둑이 소도둑 된다더니 그 아들은 결국 큰 물건을 훔치다가 잡혀서 사형을 당하게 됩니다.

사형 당하기 직전에 아들은 어머니에게 꼭 하고 싶은 말이 있다고 간청했습니다. 어머니가 귀를 갖다 대자 아들이 귀를 깨물면서 "엄마 때문에 내가 도둑이 되었어요"라고 하며 울분을 토했다는 내용이었지요.

채찍과 꾸지람이 지혜를 주거늘
임의로 행하게 버려둔 자식은
어미를 욕되게 하느니라

잠 29:15

결국 그 아이는 엄마가 매로 악을 다스려주지 않았기 때문에 자라서 어미를 욕되게 한 것입니다. 이 책을 읽고 나서 엄마 아빠가 사랑하기 때문에 체벌하는 것이고, 바르게 잘 자라도록 하기 위해서 체벌하는 것이라고 잘 설명해주었습니다.

아이들이 이 이솝우화를 얼마나 집중해서 읽는지 '엄마가 맴매를 하지 않으면 도둑으로 자랄 수도 있다'는 큰 깨달음을 얻은 것 같았습니다.

사실 체벌을 하면 제 마음이 아프고 힘들기 때문에 회피하고 싶어집니다. 그러나 체벌은 하나님의 말씀이고 부모의 더 큰 사랑이기 때문에 꼭 필요하다고 생각합니다. 단지 폭력으로 가지 않도록 절제와 사랑으로 하면 좋을 것 같습니다. 내 화풀이 상대로 아이들을 체벌하지 않도록 주의하면서요.

기분이 정말 안 좋고 짜증이 많이 난 상태에서는 반드시 기도를 충분히 하고 감정을 조절한 다음에 체벌을 해야 합니다. 아이에게 마음의 상처를 남길 수도 있기 때문입니다.

간혹 아이에게 체벌이라기보다는 폭력에 가까운 매질을 하고는 이 말씀으로 자신을 합리화하는 이들도 있습니다. 저는 한 번도 기도 없이 화풀이로 매를 든 적이 없습니다. 체벌을 할 때마다 마음속으로 기도하며 성령님의 도우심을 구합니다.

　한번은 QT시간에 이런 나눔을 한 적이 있습니다.

"엄마는 예린이에게 좋은 엄마야, 나쁜 엄마야?"

"좋은 엄마야."

"왜 그렇게 생각해?"

"엄마는 내가 잘 자라라고 맴매해주니까."

"엄마가 맴매해도 마음이 안 아파?"

"응, 괜찮아. 나를 위한 거잖아."

　한 편의 이솝우화가 아이들에게 깊은 울림과 교훈을 주었습니다. 훈계와 책망이 엄마의 또 다른 사랑의 표현임을 깊이 이해하는 계기가 되었지요.

군기반장 아빠

　자녀에게 매를 드는 것이 마치 교양 없고 무식한 부모인 것 같은 세계관의 시대를 우리는 살아가고 있습니다. 실제로 훈계의 매가 아닌 폭력으로 자녀를 죽이는 부모들도 있어서 안타깝습니다.

그런 극단적인 예를 제외하고, 하나님께서는 자녀들을 매로 훈계하라고 말씀하십니다. 저는 매를 들 때면 인본적인 가치와 하나님의 말씀 사이에서 갈등합니다. 때론 '내 마음이 이렇게 힘들면서까지 매를 들어야 하나' 싶어서 매를 내려놓기도 합니다. 그러다 잠언의 말씀을 읽으면 마음을 다잡고 또다시 매를 듭니다.

아이를 훈계하지 아니하려고 하지 말라
채찍으로 그를 때릴지라도 그가 죽지 아니하리라
네가 그를 채찍으로 때리면
그의 영혼을 스올에서 구원하리라
잠 23:13,14

내 아이를 지옥에서 구원할 정도로 징계와 채찍이 중요하다고 말씀하시는 하나님께 순종하고 나머지는 맡기기로 했습니다. 맴매의 아픔을 경험한 아이들은 자기의 목적을 이루기 위해 떼를 써도 소용이 없다는 것을 깨닫기 시작했습니다.

시댁에서 시누이 가정과 함께 살 때 남편은 군기반장으로 통했습니다. 조카들을 포함하여 5명의 아이들을 통제하기 위해서 악역을 맡았지요. 떼를 쓰거나 꼬집거나 때리면 엉덩이를 세 대씩 맞는다는 원칙을 세웠습니다.

아이들이 2~3세일 때는 주로 제가 매를 들었는데 마음이 조금 자란 4세 이후부터는 남편이 매를 들었습니다. 그런데 아이들이 6~7세가 되고 나니 매를 드는 날이 거의 없을 정도로 줄었습니다. 떼가 안 통하는 걸 알고 아이들이 포기한 것입니다.

사실 저도 어린 시절에 훈련이 잘 안 된 부분이 많습니다. 엄마가 너무 곱게(?) 키우셔서인지 허술한 구석이 많습니다. 중고등학교 시절에는 교복을 갈아입은 다음에 바닥에 옷을 뱀허물처럼 벗어놓고 등교하곤 했지요. 가끔 엄마가 잔소리하셨지만 잘 안 고쳐졌습니다.

결혼한 뒤에 남편과 가정예배를 드리고 나서 제가 물었습니다.

"여보, 제가 고칠 부분이 있으면 말해주세요."

남편은 거의 몇 개월간은 하나도 없다고 하다가 하루는 작정한 듯이 말했습니다.

"수건을 쓰고 제자리에 두면 좋겠어요."

"아, 미안해요. 고칠게요."

하지만 지금까지도 잘 고쳐지지 않습니다. 어른이 된 저는 습관을 고치기가 무척 어렵지만 어릴수록 습관을 잘 들여야 한다고 생각하는 남편은 아이들에게 열심히 훈계하며 가르칩니다.

아이들은 어린이집에 다녀오면 가방과 옷을 제자리에 놓아두고 화장실에 가서 손을 씻고 나옵니다. 저는 이런 걸 직접 해주는 편이고, 남편은 스스로 할 수 있게 가르쳐야 한다고 합니다. 저는 남편의 말이 옳다고 생각합니다. 다만 훈련시킬 능력이 안 되니까 아이들의 정리 습관을 위해 애쓰지 않는 것이지요.

분가 후 남편이 몇 번 말했습니다.

"여보, 아이들이 나랑 있을 때는 잘하는데 당신과 있으면 규칙을 안 지키네요."

"아~ 미안해요. 저도 노력할게요."

저는 아이들이 아무데나 벗어놓은 옷을 다 정리해주고 과자 봉지도 치워줍니다. 그러니까 아이들이 엄마가 있으면 마음대로 어지럽힙니다. 게다가 엄마인 저도 같이 어질러놓으니 남편이 속이 상했나 봅니다.

남편은 아이들에게 "쓰레기는 쓰레기통에 버려야 한다"라고 끊임없이 가르쳤습니다. 그래도 안 고쳐지니까 좋아하는 아이스크림을 안 사주는 특단의 조치를 취했지요.

"아빠, 나 아이스크림 먹고 싶어."

"쓰레기를 잘 버릴 때까지는 안 사줄 거야."

거의 2주 동안 원하는 간식을 안 사 주다가 오랜만에 마트에 가서 아이스크림을 사왔습니다. 그랬더니 주원이가 봉지를 휴지통에 버린 다음에 아이스크림을 먹었습니다. 게다가 아이스크림을 다 먹더니 나무바를 휴지통에 갖다 버리고 왔습니다.

"여보, 당신 정말 대단해요. 아이들을 이렇게 훈련시키다니 정말로 멋져요."

칭찬으로 남편을 인정해주며 기분 좋게 해주었습니다.

아이가 짜증부릴 때

저는 아이들의 영적 상태에 민감하려고 노력합니다. 특히 아이들이 어떤 상황에서 짜증을 부리고, 떼를 쓰는지 유심히 관찰합니다. 어른인 저도 회사에서 힘든 일이 있으면 집에 와서 아이들에게 퉁명스럽게 대할 때가 있기 때문입니다. 동일하게 아이들도 어린이집에서 스트레스 받는 일이 있으면 짜증을 부릴 수도 있겠다고 생각했습니다.

아이들이 더 어릴 때는 월요일에 유난히 짜증을 부리곤 했습니다. 엄마와 떨어져서 어린이집에 가는 것이 얼마나 힘들었을까요? 그럴 때면 사랑으로 안아주고 품어주었습니다.

많이 안아주고, 뽀뽀도 해주고, 사랑한다고 말해주면 어느새 짜증이 가라앉습니다. 아직 아이들이 어리기 때문에 스트레스가 짜증으로 나타나는 것입니다.

특히 월요일에는 아이들이 수영을 다니기 때문에 몸도 마음도 무척 피곤할 때가 많았습니다. 아이들의 분노와 짜증에도 다 이유가 있기 때문에 저는 기도하는 마음으로 대화를 시작합니다.

예린이가 특히 몇 주간 월요일에 더 예민한 반응을 보인 적이 있었습니다.
"오늘 어린이집에서 무슨 일이 있었어?"
"서연(가명)이가 나를 꼬집었어. 나를 안 사랑하는 것 같아."
그러고 보니 등에 시퍼런 멍이 들어있었지요. 저는 너무 속상했지만 아이의 아픈 마음을 위로해주었습니다.
"많이 아팠겠네. 그래도 서연이를 용서해주고 사랑해주자."
"알았어, 엄마."
예린이는 주원이에 비해 순종적이고 모범적인 아이입니다. 그런데 친구에게 사랑받지 못한다고 느낄 때 유난히 힘들어하는 경향이 있습니다. 그런 딸의 반응에 제 자신을 되돌아보았습니다.

그동안 아이에게 제가 잘못한 것들이 생각났습니다. 동생을 더 많이 챙기고 상대적으로 누나인 예린이는 뭐든지 스스로 하도록 재촉하곤 했습니다. 동생에게 양보하라고 하고, 동생이 어리니까 이해하라고 하고, 누나니까 참으라고 했던 말들이 혹시나 아이에게 엄마가 동생을 더 사랑한다고 느끼게 한 것은 아닌지 미안한 마음이 들었습니다.

동생으로 인해 엄마에게 거절감을 느끼고, 그것이 친구들에게도 사랑받지 못한다는 느낌을 준 것은 아닌지 반성하는 계기가 되었습니다. 이후에도 예린이는 어떤 친구가 자신을 안 사랑하는 것 같다는 말을 자주 하곤 했지요. 제가 잘못 뿌린 씨앗이 아이에게 상처를 준 것 같아 더 사랑해야겠다고 다짐했습니다.

내 아이의 사랑의 언어

저는 엄마로부터 무조건적인 사랑을 받고 자랐습니다. 또 엄마는 외조부모님으로부터 그런 사랑을 받으셨습니다. 반면 아빠는 그렇지 못하셨습니다. 할아버지가 노름과 술로 재산을 탕진해서 십대부터 소년가장이 되셨지요. 그런 아빠에게 저는 따뜻한 사랑의 말을 들어본 적이 거의 없습니다.

엄마는 제게 늘 말씀하셨습니다.

"아빠는 사랑을 못 받아봐서 자녀들에게 사랑을 표현하지 못하는 거란다. 하지만 마음으로는 너희를 무척 사랑하셔."

무조건적인 사랑만이 분노, 거절감, 죄책감, 공포, 불안감 등의 문제들을 제거할 수 있는데, 저는 그 사랑을 엄마로부터 받았습니다. 또한 엄마는 하나님의 무조건적인 사랑과 은혜를 경험했기 때문에 그것을 자녀들에게 고스란히 흘려보내 주셨습니다.

앞서 게리 채프먼의 《자녀의 5가지 사랑의 언어》에 대해 말했습니다. 이 책을 읽으며 '내 아이들의 사랑의 언어는 무엇일까?' 생각해 보았습니다.

예린이는 저와 동일하게 '인정하는 말'이 제1의 사랑의 언어입니다. 칭찬과 인정을 무척 좋아하는 것이 꼭 저를 닮았습니다. 칭찬을 해주지 않으면 "엄마, 내가 도와줬으니까 칭찬해줘"라고 구체적으로 요구하는 편입니다. 그리고 함께 있을 때 주원이를 칭찬하면 금세 삐칩니다.

"엄마, 왜 주원이만 칭찬해?"

이런 성향 때문에 저는 의도적으로 딸의 장점을 찾아 칭찬해주려고 노력합니다.

주원이는 '인정하는 말'과 '스킨십'이 제1의 사랑의 언어입니다. 두 아이 모두 저를 닮아 인정받는 걸 좋아하다 보니 난감할 때가 정말 많습니다. 한 사람만 칭찬해주면 다른 아이가 삐치기 때문에 조심해야 합니다.

인정받기를 좋아하는 아이들은 승부욕도 강해서 뭐든지 이기려고만 합니다. 제가 경쟁에서 이겨야 하는 일을 하다 보니 그것이 나쁜 태교가 된 것 같습니다. 아이들이 서로 이기려고 다투는 모습을 보면 제가 뿌린 씨앗인 것 같아 미안한 마음이 듭니다.

다만 그 승부욕이 하나님나라를 향한 불타는 것으로 성화되기를 바라고 있습니다. 빼앗긴 나라를 다시 찾아 하나님께 올려드리는 하나님의 강한 용사들로 말입니다.

주원이는 예린이와 달리 스킨십도 무척 좋아합니다. 제가 어디에 있든지 꼭꼭 찾아내서 안깁니다. 책을 읽더라도 꼭 제 무릎에서 읽습니다. 지금은 몸무게가 많이 나가서 오래 안고 있으면 다리가 아플 지경입니다. 아프다고 내려놓으면 또 올라오기를 반복할 정도로 친밀함을 좋아합니다.

4세 전까지만 해도 뽀뽀를 너무 좋아해서 온 얼굴에 침을 묻히면서 뽀뽀를 하는 아이였는데, 침을 통해 세균이 옮는다는 책을 읽은 후부터는 안 해줍니다.

주원이의 뽀뽀가 그리운 어느 날, 제가 말했습니다.

"엄마한테 뽀뽀해줘."

"엄마, 감기 다 나았어? 바이러스 옮으면 어떡해?"

"응, 감기 다 나았어."

"역류성 식도염도 다 나았어?"

"그건 아직 약 먹고 있는데."

"다 나으면 해줄 거야."

지식이 주원이의 예쁜 뽀뽀를 앗아가서 좀 속상하지만, 그것 외의 스킨십을 다 좋아합니다. 그래서 저는 많이 안아주고 쓰다듬어주면서 사랑을 표현합니다.

실수해도 괜찮아

영유아기의 아이들은 실수가 많습니다. 뒤집기도, 걷는 것도 한 번에 되지 않습니다. 하지만 넘어지는 아이를 두고 "넘어지면 아프니까 포기해"라고 말하는 부모는 없습니다.

그 아픔과 실수를 통해서만이 걸음마를 배울 수 있기 때문에 아이를 격려하고 박수도 쳐주면서 응원합니다. 그러다 보면 나중에는 스스로 뿌듯해하면서 걷게 되지요.

저는 아이들이 첫 걸음마를 할 때 위로하고 격려했던 것처럼 어떤 실수도 용납해주려고 노력하는 편입니다. "너는 그것도 못하니?"라고 말하면 자존감이 낮은 아이로 자랄 것이고, 힘든 일은 금방 포기하고 말 테니까요.

엄마는 제 어떤 실수도 용납해주고 격려해주는 분이셨습니다. 조금만 잘해도 칭찬해주시며, 잘 못하는 부분은 크게 지적하지 않고, 잔소리도 많이 하지 않으셨습니다.

그리고 제가 대학에 들어간 것만으로도 무척 기뻐하셨습니다. 물론 제 꿈을 이루기까지는 어려운 일들이 무척 많았습니다. 그럴 때마다 엄마의 격려와 칭찬과 위로가 있었습니다.

대학교 졸업 후에 취업을 하려고 서른 군데가 넘는 회사에서 면접을 보았습니다. 아주 작은 회사조차도 저를 받아주지 않았지요. 취업이 안 되자 저는 대학원에 가야겠다고 말했습니다.

당시 4남매를 연달아 대학에 보내느라 가정형편이 넉넉하지 않았습니다. 그럼에도 불구하고 3년간 등록금과 생활비를 보내주셨고, 제가 장학금이라도 받으면 좋아서 어쩔 줄 모르셨습니다.

화상 장애에도 불구하고 포기하지 않고 열심히 공부하는 저를 무척 대견하고 자랑스럽게 생각하셨지요. 저는 부모님의 격려에 힘입어 건설대학원 전체수석을 했고, 전국 인테리어디자인대전에서 대상도 받았습니다. 그 결과로 원하는 회사에 취업도 할 수 있었습니다.

화상 장애를 가졌지만 저는 부모님에게서 "너는 노력해도 소용없을 거야"라는 말이나 어떤 느낌도 받은 적이 없습니다. 형편이 안 되는 상황에서도 "네가 원하면 유학이라도 보내줄 테니 마음껏 공부해라. 엄마가 무슨 일을 해서라도 공부시켜 줄게"라고 말씀하셨지요. 제게만 그런 것이 아니라 형제들에게 똑같은 마음이셨습니다.

엄마가 대학에 간 언니에게 쓰신 편지에 그 마음이 잘 담겨있었습니다.

딸아, 열심히 공부해라. 아빠 엄마가 항상 젊지만은 않단다. 엄마가 야단친 것을 너무 야속하게 생각하지 말아라. 부모는 언제나 내 자식이 잘되기만을 바란단다. 너도 나중에 자식을 낳아 키워보면 다 알게 될 거야. 많이 배우지 못한 이 엄마는 어떤 고생을 해서라도 자식들을 가르쳐서 훌륭한 사람을 만드는 게 소원이란다. 엄마는 네가 공부를 잘해서 유학이라도 간다고 하면 보내줄 마음이란다.

부모님께 받은 사랑 그대로 저도 아이들을 품어줍니다. 작은 실수도 용납해줍니다. 예린이는 워낙 차분한 아이라서 실수가 많지 않은 반면, 아들인 주원이는 누나보다 실수가 많은 편입니다. 물이나 우유를 쏟기도 하고 과자를 먹다가 식탁 바닥에 많이 흘립니다.

예를 들어, 아이가 주스를 옷이나 카펫에 흘릴 경우에 두 가지 반응을 보일 수 있습니다. "그것도 제대로 못하냐!"라고 하며 화를 내거나 "괜찮아"라고 하면서 격려해줄 수 있습니다.

저도 급하게 출근해야 될 때 이런 일이 생기면 화가 나기도 합니다. 그래서 저도 모르게 아이의 팔을 아프게 꾹 누른 적도 있습니다. 빨리 나가야 하는데 옷을 다시 갈아입혀야 할 때면 정말 인내가 필요합니다. 그러면 숨을 깊이 내쉬고는 말합니다.

"누구나 실수할 수 있어. 엄마도 실수한 적이 많아. 괜찮아, 조금씩 나아질 거야."

"엄마, 미안해."

실수를 용납해주는 이유는 아이들이 자라면서 수많은 실패를 경험할 때 포기하고 낙망하는 것이 아니라 용기를 가지고 다시 일어날 수 있도록 하기 위함입니다.

엄마 때문이야 vs 나 때문이야

딸과 아들을 모두 키우는 엄마로서, 같은 여자인 딸보다는 아들을 키우는 것이 훨씬 어렵습니다. 그래서 아들을 위해 더 기도를 많이 하게 됩니다.

주원이는 4세부터 습관적으로 "엄마 때문이야!"라는 말을 많이 썼습니다. 자기가 뛰다가 넘어져도 엄마 때문이고, 물을 쏟아도 엄마 때문이고, 멀쩡한 풍선이 터져도 엄마 때문입니다.

'어떻게 저 버릇을 고쳐줄까?'

계속 생각하던 어느 날 예수님이 십자가에서 돌아가시는 내용이 QT 본문으로 나와서 제가 물었습니다.

"예수님은 누구 때문에 십자가에서 돌아가셨어?"

"그건 나쁜 사람들이 죽였기 때문이야."

"예수님은 나쁜 사람들 때문에 돌아가신 게 아니란다. 주원이의 죄 때문에 십자가에서 돌아가셨어."

"정말?"

"그래, 그러니까 앞으로는 '엄마 때문이야'라고 말하지 말고 '나 때문이야'라고 해야 돼. 알았지?"

저는 주원이가 남을 탓하고 자신의 잘못을 보지 못하는 것 같아서 자기의 잘못을 보는 훈련을 시켜야겠다고 생각했습니다. 때마침 남 탓하는 주인공이 등장하는 책이 있어서 함께 읽었습니다. 《집안이 화목한 비결》이라는 전래동화였지요.

옛날 어느 마을에 김서방네와 이서방네가 살았습니다. 김서방네는 티격태격 다툼이 많은 반면 이서방네는 날마다 웃음이 끊일 날이 없었습니다. 하루는 풀을 뜯고 있던 김서방네 소가 고삐를 끊고 달아나 밭을 엉망으로 만들었습니다.

화가 난 김서방은 부엌에 있는 아내에게 아침에 소여물을 안 줘서 배고파서 날뛴 거라며 소리를 질렀습니다. 김서방의 아내는 "아니, 왜 내 탓을 해요"라고 화를 냈습니다. 화가 난 아내는 며느리에게 "너는 정신이 있니, 없니? 소가 고삐를 끊는 것도 못 본 게냐?"라고 소리를 질렀지요.

며느리는 남편에게 달려가서 "여보, 당신은 대체 뭘 하고 있었어요? 당신 때문에 어머님께 꾸중을 들었잖아요!"라고 말했습니다. 아들은 아버지에게 달려가서 "아버지, 처음부터 고삐를 단단히 매셨어야지요"라고 소리를 질렀습니다. 그러자 아버지는 "이놈! 네가 지금 내 탓을 하는 게냐!"라고 하며 온 식구가 서로 싸웠습니다.

김서방은 하도 속상해서 이서방에게 집안이 화목해지는 비결을 물었습니다. 이서방은 지켜보라고 하더니 소를 끌고 와서는 엉덩이를 철썩 때렸습니다.

"어이쿠, 소 잡아라. 소 잡아!"

이 소리에 이서방네 식구들이 우르르 달려나와 금세 소를 잡았습니다. 이서방이 말했습니다.

"내 잘못이구나. 내가 고삐를 단단히 맸어야 했는데…."

이번에는 이서방의 아내가 말했습니다.

"아니에요, 영감. 내 잘못이에요. 아침에 여물을 주지 않아 배가 고파 날뛰었나 봐요."

잠시 뒤에 며느리가 울먹이며 말했습니다.

"아니에요. 소 가까이 있던 제 잘못이에요. 소가 달아날 때 붙잡았어야 했는데…."

묵묵히 듣던 아들이 "다 제 잘못이에요. 점심 먹기 전에 소를 풀밭에 매어 놓았어야 했어요"라고 말했습니다.

이서방이 식구들에게 "일이 잘 해결됐으니 이제 됐다. 오늘 일을 거울삼아 앞으로 소를 더 잘 돌보도록 하자"라고 말하고, 어느새 이서방네 집에선 웃음소리가 울려퍼졌습니다.

저는 이 책을 읽고 나서 주원이에게 왜 남 탓을 하면 안 되는지 다시 한 번 설명해주었지요. 그리고 "엄마 때문이야"라는 말이 나올 때마다 "나 때문이야"라고 하라고 가르쳤습니다. 그러던 어느 날, 재미난 일이 벌어졌어요.

주원이가 요구르트를 달라고 해서 빨대를 꽂아주려고 했더니 뚜껑을 반만 열어서 마시겠다는 것입니다. 그러면 흘릴 수 있다고 해도 반만 열어서 먹겠다고 고집을 부렸습니다.

자기 고집대로 하던 주원이는 결국 옷과 바닥에 요구르트를 흘렸습니다. 저는 제가 먼저 본을 보여야겠다고 생각하고 말했습니다.

"주원아, 엄마 때문이야."

"아니야, 내가 흘렸는데 왜 엄마 때문이야?"

"빨대로 먹도록 더 권했어야 했는데 미안해."

"아니야, 내가 흘렸으니까 나 때문이야."

옆에서 대화를 듣고 있던 예린이가 말했습니다.

"엄마, 내 잘못이야. 주원이가 먹는 걸 도와줘야 되는데 안 도와줬잖아."

이번에는 아빠가 와서 말했습니다.

"다 아빠 잘못이야. 주원이 훈련을 잘 안 시켜서 그래."

전래동화와 똑같은 상황이 된 것입니다. 저는 아이들이 자신의 잘못을 보는 훈련이 잘된 것 같아 꼭 안아주었습니다.

"우리 애기들, 남 탓 안 하고 내 탓이라고 말해줘서 엄마는 너무 기뻐."

아이들도 칭찬을 받으니까 기분이 좋은지 크게 웃었습니다.

비판하지 말라
그리하면 너희가 비판을 받지 않을 것이요
정죄하지 말라
그리하면 너희가 정죄를 받지 않을 것이요
용서하라
그리하면 너희가 용서를 받을 것이요

눅 6:37

아이 앞에서 비난 금지

우리나라의 이혼율은 세계 1위입니다. 가정 안에서 부모가 서로 싸우고 욕하고 때리고, 그러다가 서로 맞지 않으면 이혼해버립니다. 수많은 가정들이 모여 한 나라를 이룹니다. 가정의 분열과 파괴가 결국 정치와 나라의 분열로 이어집니다.

우리의 각 가정이 예수님을 주인으로 모시고 영적으로 건강해진다면 가정은 물론, 나라도 바로 세워질 것입니다. 성경은 가정을 세우고 허무는 것이 여자에게 달려있다고 하십니다.

> 지혜로운 여인은 자기 집을 세우되
> 미련한 여인은 자기 손으로 그것을 허느니라
> 잠 14:1

어쩌면 우리가 어떻게 하느냐에 나라의 운명이 달려있을 수도 있습니다. 한 여자인 하와로 인해 가정이 무너졌고, 하나님의 나라가 무너졌던 것처럼 말이지요.

하나님께서는 너무나 중요한 임무를 우리에게 맡겨주셨습니다. 아내와 엄마의 역할은 가정을 세우기도, 무너뜨리기도 할 정도로 중요합니다. 자녀의 양육은 다음세대를 길러내는 것이고, 그들이 살아갈 세상을 만들어주는 중요한 사명입니다.

최근에 민수기를 묵상하면서 깨달은 것이 있습니다. 가나안 땅을 정탐하러 간 정탐꾼 중 악평을 한 이들은 모두 죽고, 여호수아와 갈렙만 살아남았습니다.

저는 여호수아와 갈렙의 부모는 그들을 어떻게 하나님의 용사로 길러냈는지를 묵상했습니다.

'어떻게 키웠기에 그들이 하나님의 눈으로 가나안 땅을 바라보고, 하나님의 마음으로 입술을 지킬 수 있었을까?'

아이들의 입술을 지켜줘야겠다는 생각이 들었습니다. 그러려면 먼저 제 입술을 지켜야겠다는 생각에 남편에게 제안을 했지요.

"여보, 아이들 앞에서는 정치인 이야기를 하지 않는 게 어때요?"

남편도 동의했고, 아이들 앞에서는 어떤 비난이나 비판, 불평도 하지 않기로 약속했습니다.

여분네의 아들 갈렙과 눈의 아들 여호수아 외에는
내가 맹세하여 너희에게 살게 하리라 한 땅에
결단코 들어가지 못하리라

민 14:30

사실 아이들에게 "불평하고 원망하지 말아라"라고 잔소리하지 않아도 됩니다. 부모가 먼저 그것을 그치면 아이들도 따라할 것입니다. 저부터 입술에 파수꾼을 세워서 원망하고 불평하고 비난하지 않는 엄마가 되도록 애쓸 것입니다.

자랑 금지

아이들이 교회에서 자랑하는 것은 나쁘다는 말씀을 배웠나 봅니다. 저는 아들에게 종종 지적을 받곤 합니다. 그냥 일상적인 대화 가운데 제가 "엄마는 요리도 잘하지? 공룡도 잘 그리지?"라고 하면 여지없이 말합니다.

"엄마, 자랑하지 마!"

"아, 알았어."

교회에서 '예쁜 옷도 자랑하면 안 돼요. 장난감도 자랑하면 안 돼요'라고 늘 배웠기에 자랑이 나쁜 것이라는 생각이 뿌리를 내렸나 봅니다.

그런데 유난히 엄마에게 그 지적을 많이 하는 걸로 봐서는 아이 눈에 엄마가 자랑을 잘하는 사람으로 보였나 봅니다. 그래서 제 자신을 돌아보게 되었지요. 사도 바울은 약한 것 외에는 자랑하지 않는다고 했는데, 아이들에게 제 잘난 척하는 부분을 들키고 말았습니다.

> 내가 이런 사람을 위하여 자랑하겠으나
> 나를 위하여는 약한 것들 외에 자랑하지 아니하리라
>
> 고후 12:5

아이에게 몇 번 지적을 받은 후에 제 마음속에 '화상 입은 얼굴 빼고 나는 다 괜찮고, 모든 걸 잘한다'라는 교만함이 있음이 보였습니다. 어린아이의 눈에 엄마의 교만이 더 잘 보였던 것입니다.

저는 딸아이를 공주처럼 입혀서 교회에 보내곤 했습니다. 아이가 불편해서 입기 싫다는 드레스를 설득해서라도 입혀서 보냈습니다. 아이가 예쁘다는 말을 들음으로써 제가 대리만족을 느끼고 있었던 것입니다. 아이들과 하는 QT책에 "예쁜 옷은 자랑하지 않아요"라는 말이 쓰여 있어서 마음에 찔림이 있었지만, 제 만족을 위해 억지로 입혔던 것이지요.

아직 다 내려놓지는 못했지만, 아이의 입에서 "엄마, 자랑하지 마"라는 말이 나오지 않을 때까지 입술을 지켜서 제 약함만 자랑하는 엄마가 되길 소망합니다.

얼굴보다 마음이 예뻐야 해

저는 아이들이 외모보다는 마음이 건강하고 예쁜 아이들로 자라도록 기도합니다. 아이들에게 4세 때부터 심어준 가치관입니다.

"주원아, 얼굴이 예쁜 여자랑 결혼할 거야, 마음이 예쁜 여자랑 결혼할 거야?"

"마음이 예쁜 여자랑 결혼할 거야."

특히 주원이는 남자이기 때문에 음란한 세상 속에서 음녀로부터 자신을 지킬 수 있는 아이로 자라길 기도합니다.

> 음녀로 말미암아 사람이 한 조각 떡만 남게 됨이며
> 음란한 여인은 귀한 생명을 사냥함이니라
> 잠 6:26

> 네 마음이 음녀의 길로 치우치지 말며
> 그 길에 미혹되지 말지어다
> 잠 7:25

> 내 아들아 어찌하여 음녀를 연모하겠으며
> 어찌하여 이방 계집의 가슴을 안겠느냐
> 잠 5:20

잠언에는 음녀를 조심하라는 경고의 말씀이 정말 많습니다. 제가 여자의 아름다움은 외모에 있지 않다는 것을 강조하는 것도 잠언에 근거하여 가르치는 것입니다.

"예린이는 잘생긴 남자랑 결혼할 거야, 마음이 예쁜 남자랑 결혼할 거야?"

"마음이 예쁜 남자랑 결혼할 거야."

우리는 외모지상주의 사회에서 살아가고 있습니다. 성형천국이라고 할 정도로 성형외과가 많습니다. 저도 외모 때문에 자살까지 하려던 사람으로서 아이들에게 올바른 가치관을 어려서부터 심어줘야 한다는 생각이 들었습니다. 아름다운 얼굴을 가졌어도 마음이 예쁘지 않으면 소용이 없다는 말씀도 있습니다.

아름다운 여인이 삼가지 아니하는 것은
마치 돼지 코에 금 고리 같으니라

잠 11:22

아이들이 외모보다는 내면의 아름다움을 볼 수 있는 안목을 갖기를 기도하고 있습니다. 하루는 오드리 헵번의 전기를 읽으려고 하는데 표지의 사진이 예뻐서 저도 모르게 감탄이 나왔습니다.

"우와! 진짜 예쁘다."

제 이런 반응을 처음 본 예린이가 물었습니다.

"엄마, 이 사람의 마음이 그렇게 예뻐?"

제가 평소에 '마음이 예쁜 사람이 진짜 예쁜 사람'이라고 했더니 그렇게 물어본 것입니다. 우리 아이들에게 '예쁜 사람'은 마음이 예쁜 사람입니다.

"오드리 헵번은 얼굴도 마음도 정말 예쁜 사람이야."

저는 첫아이를 임신했을 때 '미소가 아름다운 아이'로 자라가길 많이 기도했습니다. 하나님의 아름다움이 아이에게 임하여 예린이의 미소만으로도 하나님의 치유가 일어나면 좋겠다는 것이 제 기도였습니다. 아픈 친구의 마음을 치료해주고 위로해주며 격려해주는 아이들로 자라길 소망합니다.

자존감 키워주기

아이들이 말하기 시작하면서부터 제가 가르쳐준 말이 있습니다.

"예린이는 하나님의?"

"걸작품!"

"주원이는 하나님의?"

"걸작품!"

"나"는 원숭이에서 진화된 존재가 아니고 하나님의 존귀한 자녀 즉, 왕 같은 자녀라는 정체성이 있으면 자존감이 잘 형성된 아이로 자랄 것입니다. 자존감(self-esteem)은 말 그대로 자신을 존중하고 사랑하는 마음입니다.

> 그러나 너희는 택하신 족속이요
> 왕 같은 제사장들이요
> 거룩한 나라요
> 그의 소유가 된 백성이니
>
> 벧전 2:9

  자존감이 잘 형성된 아이는 친구들과 좋은 관계를 유지하고 자신을 소중히 다루지만, 자존감이 낮은 아이는 대인관계도 어렵고 열등감도 많은 아이로 자랄 것입니다.

  저는 안면화상으로 인해 자존감이 무척 낮은 아이로 자랐습니다. 그나마 엄마의 칭찬과 격려가 있었기에 견딜 수 있었지요. 그렇지 않았다면 청소년기에 자살시도를 했거나 문제아로 자랐을 가능성이 매우 높습니다. 그러나 생각만 하고 실천에 옮기지 않았던 건 엄마의 사랑과 중보기도 때문이었지요.

  초등학교 시절을 돌이켜보면 제가 자신을 사랑하지 않고 존중하지 않으니 친구들도 저를 사랑해줄 수 없었던 것 같습니다. 내 안에 예수님이 계셔서 강하고 담대했다면 친구들이 저를 함부로 대하진 못했을 것입니다. 늘 고개를 숙이고, 말도 하지 않고, 나 자신을 벌레처럼 여기니까 친구들도 그렇게 대했던 것입니다.

어떤 교회에 간증집회를 갔는데 그곳에서 어린 시절 부탄가스를 가지고 놀다가 얼굴과 손에 화상을 입은 장로님을 만나게 되었습니다. 그런데 그 분은 저와 같은 마음의 상처가 거의 없다고 했습니다. 저는 화상을 입었다고 모두 저처럼 놀림 받는 건 아니라는 사실에 내심 놀랐습니다.

남자이기도 했지만 본인이 화상 상처를 아무렇지 않게 여기니까 학교에서 누구도 놀리지 않았다는 것입니다. 늘 자신감이 넘쳤던 장로님은 지금은 건축학과 교수로 활동하고 계십니다. 물론 저와 상황이 좀 다르지만 자존감이 잘 형성된 아이는 친구들도 함부로 대하지 않는다는 것을 알 수 있었습니다.

어느 날, 예린이가 제게 와서 말했습니다.
"엄마, 내가 나를 사랑해야 남도 나를 사랑한대."
"우와! 그걸 어떻게 알았어?"
"어린이집에서 친구가 가르쳐줬어."

맞는 말이지만, 지나친 자기 사랑은 이기적이고 교만한 아이가 될 수 있기 때문에 균형을 맞추는 게 중요합니다.

저는 예린이가 소심하고 내성적인 성격이어서 강하고 담대한 아이 즉, 건강한 자존감을 가진 아이로 자랄 수 있도록 늘 기도합니다. 마음이 건강해야 생명의 근원이 막히지 않고 영·혼·육이 강건

하게 자랄 수 있기 때문입니다.

모든 지킬 만한 것 중에
더욱 네 마음을 지키라
생명의 근원이 이에서 남이니라
잠 4:23

3부
생각이 예쁜 엄마

'나는 하나님의 것'이라는 사실이
얼마나 큰 은혜인지요?
스스로 내 인생을 계획하고 책임지는 것이 아니라
하나님께서 책임지고 인도해주시는 삶은
설사 폭풍 속에 갇힌다 해도
염려할 것이 없습니다.

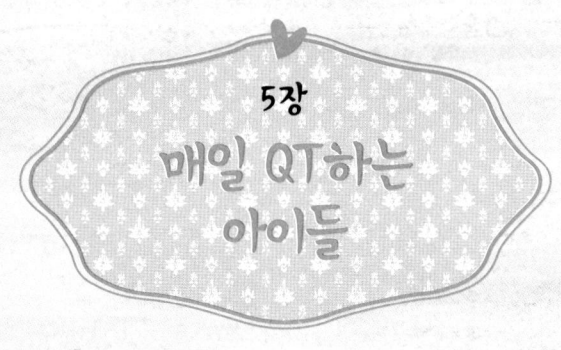

5장
매일 QT하는
아이들

QT로 배운 한글

어린이집에서는 따로 한글을 가르치지 않기 때문에 제가 가르쳐 보려고 시도했다가 쉬운 일이 아님을 깨닫고 포기한 적이 있습니다. 한글만 배우면 스스로 책도 읽고 QT도 할 수 있을 거라는 생각에 나름 유명하다는 한글떼기 방법대로 하다가 좌절감만 느끼고 내려놓게 되었지요.

큰아이는 QT를 하면서 '예수님', '하나님', '말씀' 등의 글자들을 하나씩 익혔습니다. 그렇게 1년이 지나자 예린이 스스로 한글을 터득하게 되었습니다. 저는 QT책을 읽으면서 모르는 글자가 나오면 한 번씩 써보게 했습니다.

처음에는 더듬더듬 읽던 아이가 어느새 한 글자씩 익히더니 지금은 유창하게 읽는 경지에 이르렀습니다. 그러나 똑같은 방법을 적용해도 둘째인 주원이는 한글에 관심이 없어서 '예수님'과 '하나님'에서 더 이상 진도가 나가지 않았습니다. 제 마음을 아는지 한 살 위인 누나가 동생에게 한글을 가르쳐보겠다며 종이에 따라 써보라고 했습니다.

"주원아, '예수님' 따라 써봐."

그러나 한글에 전혀 흥미가 없는 아들이 제게 달려오더니 울먹이며 말했습니다.

"엄마, 누나가 한글 배우라고 나를 괴롭혀."

"한글을 배우면 좋아하는 책도 마음대로 읽을 수 있어! 누나한테 배워봐."

"싫어!"

저는 주원이가 억지로 하는 것을 너무나 싫어하는 것을 깨닫고 나서 한글공부에 대해 부담을 주지 않기로 했습니다. 어차피 초등학교에 들어가면 자연스럽게 배울 것이기에 스트레스를 주고 싶지 않았습니다.

엄마와 함께하는 QT

아이들과 매일 말씀암송예배를 드리는 가운데, QT로 유명한 교회로 옮기게 되었습니다. 어른, 청소년, 어린이, 유아에 이르기까지 같은 본문으로 QT를 하는 교회였습니다.

초반에는 말씀암송과 QT를 병행했습니다. 그런데 아이들이 QT예배는 좋아하는데 말씀암송은 하지 않으려고 했습니다.

그러다 3년간 말씀암송예배로 훈련을 했기에 저는 중도에 포기하고 싶지 않았습니다. 둘 다 하고 싶은 마음이 더 컸지요. 그래서 남편과 상의했더니 QT만 하는 게 좋겠다고 했습니다.

남편은 아이들을 너무 힘들게 하면 예배에 반감을 가질 것 같다고 했지요. 또 직장에 다니면서 암송예배를 드리는 것이 제게도 부담이 컸기에 QT예배로 드리기로 했습니다.

매일 오전에 제가 묵상한 말씀으로 아이들과 QT를 하니까 더 은혜가 되었습니다. 유아QT는 말씀의 핵심이 간단하게 적혀있고, 그 말씀대로 어떻게 살아가는지 나눌 수 있게 되어있습니다.

하루를 마무리하는 밤에 아이들과 좋아하는 찬양을 한 곡 부르고 나서 한글을 읽기 시작한 예린이가 말씀을 읽은 후에 각자의 삶을 이야기합니다. 그리고 기도문을 읽고 예배를 마칩니다. 예배는 약 10분에서 20분 정도 걸립니다.

QT를 하면서 말씀도 먹고, 아이들의 영적 상태도 알게 되고, 서로 각자의 죄를 자백하는 은혜도 나누는 일석삼조의 효과를 누리고 있습니다.

다음은 아이들과 함께 나눈 인상깊은 내용들입니다.

QT 도둑질하지 않기

> 그러자 이번에는 베드로가 맹세까지 하면서 '나는 그 사람을 알지 못한다니까요' 하며 딱 잡아뗴었다 마 26:72, 현대인의성경

예수님이 잡혀가시던 날 밤, 자신도 잡혀갈까봐 무서웠던 베드로는 예수님의 제자가 아니라고 거짓말을 했습니다. 아이들에게 내가 한 일을 "안 했어"라고 말하거나 내가 가져가놓고 "안 가져갔어"라고 거짓말한 적이 있냐고 물어보았습니다.

QT를 하다 보면 모범생인 예린이는 나눔이 적은 반면에 주원이는 누나보다 잘못을 많이 하기 때문에 나눔이 풍성할 때가 있습니다. 저는 당연히 아이들이 남의 물건을 훔친 적이 없을 거라고 생각했는데 의외로 주원이가 있다고 답했습니다. 예전 QT에도 나왔던 질문이었는데, 그때는 없다고 대답했던 아이가 계속되는 말씀의 빛 앞에서 양심이 찔렸나 봅니다.

"주원아, 정말 남의 것을 훔친 적 있어?"

"교회에서 물총을 가지고 놀다 바닥에 놨는데, 선생님이 내 것인 줄 알고 내 가방에 넣어주셨어."

그 말을 듣고 보니 아이의 교회 가방에 물총이 들어있던 것이 생각났습니다. 그때 "이 물총은 어디서 났어?"라고 물었는데 아이는 모르겠다고 대답했습니다. 선생님께 자신의 것이 아니라고 말해야

하는데 모른 척한 것입니다.

저는 주원이에게 물건을 그냥 가지고 오는 것은 도둑질이니 앞으로는 그러면 안 된다고 가르쳤습니다. 아이도 자신의 잘못을 인정하고 회개의 기도를 드렸습니다.

그리고 물총을 아이의 가방에 넣어주며 선생님께 갖다드리라고 했습니다. 아이는 이후에도 QT를 하면서 훔치거나 거짓말에 대한 내용이 나올 때마다 물총사건을 이야기하면서 부끄러워했습니다.

"하나님께서 용서해주셨으니까 이제 괜찮아."

그래도 아이가 계속 죄책감을 가지고 있는 것 같아서 로마서의 말씀으로 정죄감을 갖지 않도록 말해주었습니다.

그러므로 이제 그리스도 예수 안에 있는 자에게는
결코 정죄함이 없나니
이는 그리스도 예수 안에 있는 생명의 성령의 법이
죄와 사망의 법에서 너를 해방하였음이라

롬 8:1,2

우리는 원죄를 가지고 태어난 죄인입니다. 죄를 스스로 이길 수 없기 때문에 날마다 말씀을 의지하며 죄를 회개하고 거룩을 배워가야 합니다.

QT 거짓말하지 않기

내가 세상에 있는 동안에는 세상의 빛이로라 요 9:5

이 세상에 빛으로 오신 예수님은 아프고 힘들고 어두운 우리의 마음을 치료해주셨습니다. 내 안에 예수님께 치료받아야 할 까만 마음 중 거짓말한 적이 있는지 아이들에게 물어보았습니다. 예린이는 생각이 안 난다고 하기에 주원이에게 물었습니다.

"우리 주원이, 거짓말한 적 있어?"
"손을 안 씻었는데 씻었다고 거짓말한 적 있어."
"앞으로는 거짓말 안 할 거지?"
"응, 엄마."

주원이의 고백을 들은 예린이도 거짓말한 적이 있다면서 자신의 까만 마음을 나누었습니다.

"어린이집에서 선생님이 약 먹었냐고 물어보셨는데 먹었다고 대답했어. 사실은 먹기 싫어서 거짓말했어. 엄마, 미안해."
"엄마도 어릴 때 약 먹기 싫어서 먹었다고 거짓말한 적 있어. 우리 하나님께 회개하고 다신 거짓말하지 말자."
"응, 엄마."

매일 드리는 QT의 시간은 말씀의 거울 앞에 우리의 마음을 함께 비추어보는 시간입니다. QT가 아니었다면 아이들의 내면을 들여다

볼 수 없었을 것입니다.

매일 빛이신 예수님 앞에 나아가 우리의 까만 마음을 회개하고 치유받을 수 있는 QT예배는 하루 중 가장 중요한 시간입니다.

QT 중독에 빠지지 않기

유다가 한 떼의 로마 군인들과 그리고 대제사장들과 바리새파 사람들이 보낸 성전 경비병들을 데리고 그곳에 왔는데 그들은 등과 횃불과 무기를 가지고 있었다 요 18:3, 현대인의성경

예수님의 제자인 유다는 예수님을 팔면 돈을 주겠다는 말에 욕심이 생겨 예수님을 팔았습니다. '나도 멋진 장난감과 TV를 보면 예수님을 까맣게 잊어버리진 않는지'에 대한 나눔 질문이 있었습니다.

최근 동화책을 통해 중독의 위험성에 대해 인지하고 있는 아이들에게 예수님을 잊을 정도로 중독된 게 있는지 물어보았어요.

"애들아, 중독이 될 정도로 깊이 빠져드는 게 있니?"

저도 중독에 빠진 적이 있고, 한번 생기면 치유가 어렵기 때문에 신경을 많이 쓰는 부분 중 하나입니다. 특히 미디어 시대에 게임이나 컴퓨터, 스마트폰 중독은 누구나 피할 수 없는 것이 되었습니다.

얼마 전에 컴퓨터 게임에 중독된 아이에 대한 책을 읽고 중독이 얼마나 무서운 병인지 알게 된 주원이가 심각한 얼굴로 자신의 중독

에 대해 나누었습니다.

"나 사실 아이스크림에 중독됐어. 그런데 아빠 때문이야."

"왜 아빠 때문이야?"

"아빠가 자꾸 아이스크림 만들어줘서 내가 먹게 되니까."

"네가 만들어달라고 해서 그런 건 아니고?"

"아빠가 자꾸 만들어놓으니까 내가 먹는 거잖아."

"주원아, 남 탓하면 안 돼."

"그래도 아빠 때문인데…."

주원이는 아이스크림을 너무나 좋아해서 더운 여름에는 하루에 2~4개씩 먹곤 합니다. 아이스크림이 없으면 얼음이라도 꺼내서 먹습니다. 물도 시원한 냉수만 마시고 조금만 미지근해도 안 마시는 아이입니다. 그래서 남편이 생각 끝에 오렌지주스나 포도주스로 아이스크림을 만들어서 먹이기 시작했지요.

저는 나중에 남편에게 주원이의 나눔을 이야기해주었습니다. 남편은 "아빠가 중독의 원인을 제공했네"라고 하면서 다음날부터 아이스크림 만들기를 중단했습니다. 그러자 주원이가 아빠에게 가서 항의를 했습니다.

"아빠, 왜 아이스크림을 안 만들어줘?"

"네가 아빠 때문에 중독됐다고 해서 이제부터는 안 만들려고."

금세 아이는 시무룩한 표정으로 아무 말도 못하고 돌아섰습니다. 결국 그날부터 아빠가 만들어주는 아이스크림을 못 먹게 되었지요.

저는 아이들과 나눈 것을 남편에게 그대로 전달합니다. 아이들의 마음을 공유해야 한다고 생각하기 때문입니다. 나중에 아이스크림 이야기를 형님에게 들려주었더니, 부부 사이에 QT 나눔을 공유하되 남편은 아이들의 나눔에 대해 모르는 척하는 게 좋겠다는 조언을 해주셨어요.

아이가 하나님의 말씀 앞에서 용기를 내어 죄를 자백한 것인데 결과적으로 아이스크림을 못 먹게 되었으니 앞으로 나눔을 솔직하게 하지 않을 수도 있다는 의견이었습니다.

제가 미처 생각하지 못했는데 듣고 보니 아이의 인격을 존중해주지 못한 것 같아서 이후로는 남편에게 모른 척해 달라고 했습니다.

QT 서로 용서하고 사랑하기

나는 그들 안에 있고 아버지는 내 안에 계십니다. 그들이 완전히 하나가 되게 하셔서 아버지께서 나를 보내신 것과 또 나를 사랑하신 것처럼 아버지께서 그들도 사랑하신 것을 세상이 알게 하소서

요 17:23, 현대인의성경

예수께서 십자가를 지시기 전에 우리를 위해 기도하십니다. 우리가 한 마음이 되어 하나님의 커다란 사랑을 알게 해달라고요. 주의 자녀인 우리는 서로 사랑하며 예수님의 사랑을 전해야 합니다. '나는 부드러운 말과 행동으로 예수님의 사랑을 전하고 있는가?'라는 나눔 질문이 있었습니다. 저는 아이들이 친구들을 어떻게 사랑하고 있는지 궁금해서 물어보았지요.

"얘들아, 어린이집에서 친구에게 예수님의 사랑을 전하고 있지?"

"응, 엄마."

"혹시 미워하는 친구는 없니?"

"엄마, 나는 안 미워하는데 서연(가명)이가 나만 미워해. 놀이에 끼워주지도 않고, 날 싫어하는 것 같아."

누나의 이야기를 듣던 주원이가 훈계를 합니다.

"친구한테 누나를 사랑하는지 물어봐. 나도 창훈(가명)이가 자꾸 괴롭혀서 물어봤더니 걔가 나를 좋아한대. 그래서 내가 사랑한다고 말해줬어. 누나도 사랑한다고 말해봐."

약간 앞뒤가 안 맞는 말이지만 5세인 주원이는 나름대로 자신을 괴롭히는 친구에게 사랑한다고 말함으로 관계를 회복한 경험을 말했습니다.

"예린아, 혹시 서연이가 미워? 용서하기가 힘드니?"

"아니, 그런데 걔가 날 미워해."

"그럼, 먼저 사랑한다고 말해봐."

"부끄러워서 못하겠어."

예린이는 거의 3~4개월 동안 힘들어했습니다. 저는 그럴 때마다 예수님의 사랑과 용서를 가르쳤습니다. 예수님은 아무 죄도 없으신데 우리를 사랑하셔서 십자가에서 돌아가셨고, 우리도 그렇게 친구들을 사랑해야 한다고 말이지요.

4개월이 지난 후, 아이는 친구와 관계에 예수님의 사랑을 적용했고, 지금은 잘 지내고 있습니다.

"주원이도 용서하기 힘든 친구가 있어?"

"창훈이가 나를 꼬집고 괴롭혔어. 죽을 때까지 용서 안 할 거야."

저는 "용서하라 그리하면 너희가 용서를 받을 것이요"(눅 6:37)의 말씀으로 아이에게 설명해주었습니다. 용서해야만 우리가 용서를 받을 수 있기 때문입니다.

"네가 친구를 용서하지 않으면 하나님께서도 네 죄를 용서해주지 않으실 텐데, 괜찮겠어?"

"엄마, 아주 조금씩 용서해줄 거야. 아주 조금만 남겨놓고."

주원이는 친구가 자기를 꼬집어서 무척 속상했나 봅니다. 선생님한테 말하면 친구가 혼날까봐 이르지는 않았다고 했지요. 아이들 사이에 무슨 일이 있었는지 정확하게 알 순 없지만 분이 풀리지 않은 것 같았습니다.

"조금만 남겨놔도 안 돼. 다 용서해야 돼. 그래야 하나님께서 주원이의 죄를 용서해주실 거야."

"그래도 오늘은 못해. 내일 다 용서할 거야."

"그래, 내일은 꼭 용서해주자."

용서를 힘들어하는 아이의 모습을 보면서 우리가 나면서부터 죄인인 것과 그래서 용서가 얼마나 힘든지를 다시 한 번 깨달았습니다. 성령님의 도우심이 없다면 우리 힘으로 용서할 수 없다는 것을요.

QT 나의 십자가 지기

예수께서 이 말씀을 하시고 눈을 들어 하늘을 우러러 이르시되 아버지여 때가 이르렀사오니 아들을 영화롭게 하사 아들로 아버지를 영화롭게 하게 하옵소서 요 17:1

예수께서 십자가를 지심으로 하나님을 영화롭게 하셨다는 말씀을 함께 묵상했습니다. 우리도 내 십자가를 지고 예수님을 따라가야 합니다.

친구를 용서하고, 동생과 누나에게 양보하는 것이 십자가를 잘 지는 것이라고 설명해주고 나서 아이들이 십자가를 잘 지고 있는지 물어보았습니다.

"얘들아, 용서와 양보의 십자가를 잘 지고 있어?"

"엄마, 나 주원이 대신 십자가를 진 적 있어."

"정말? 어떤 십자가를 졌는데?"

"주원이가 아빠 말씀을 안 들어서 맴매 세 대를 맞을 뻔했는데 내가 대신 맞겠다고 했어."

"우와! 정말이야? 왜 대신 맞겠다고 했는데?"

"주원이랑 처음 수영하러 가는 날인데 울면서 갈까봐 그랬어."

"우리 예린이가 십자가 지는 적용을 정말 잘했네. 주원이는 기분이 어땠어?"

"누나한테 너무너무 고마웠어."

"예린이는 아프거나 억울하지 않았어?"

"하나도 안 아팠어."

자세한 상황을 몰랐던 저는 나중에 남편에게 어떻게 된 건지 물어보았습니다. 남편이 아들에게 과자를 그릇에 담아서 먹으라고 했는데 말을 안 듣고 그냥 먹다가 거실 바닥에 과자를 흘렸다고 합니다. 아마 저 같으면 맴매를 하지 않고 넘어갔을 것입니다. 그러나 남편은 훈육의 일관성을 중요하게 생각합니다.

순종 훈련을 위해서 남편이 "주원이가 잘못했으니까 맴매 세 대 맞아"라고 했더니 딸이 동생을 한 번만 용서해주라고 부탁한 것입니다.

"그럼 예린이가 동생을 대신해서 한 대 맞을래?"

한참 고민하던 아이가 대신 맞겠다고 해서 방으로 데려가 아이의 엉덩이는 안 때리고 대신 남편이 자신의 허벅지를 엄청 세게 내리쳤다는 것입니다. 밖에서 큰 소리를 들은 주원이는 누나에게 무척이나 고마워하면서 수영을 하러 갔다고 합니다.

자초지종을 다 들은 저는 동생을 위해 십자가 지는 적용을 잘한 딸을 칭찬해주었습니다.

'내 십자가 지기' QT 이후에 아이들이 달라졌습니다. 사소한 것으로도 싸우는 아이들에게 '내 십자가 지는 경험'이 아주 좋은 훈련이 된 것 같았습니다.

한번은 비타민을 한 개씩 먹으라고 줬는데 예린이가 먹으려다가 바닥에 떨어뜨렸습니다. 그래서 주원이가 막 비타민을 뜯어서 먹으려는 찰나에 제가 제안을 했습니다.

"비타민을 반 잘라서 누나에게 줄까?"

"싫어!"

"주원아, 양보하는 십자가 지면 어때? 누나도 주원이 대신 맴매 십자가를 진 적이 있잖아!"

이전에는 주원이가 자신의 것을 누나에게 나누어준 적이 거의 없었습니다. 그러나 십자가 지는 훈련을 한두 번씩 하고 나더니 선뜻 양보를 했습니다.

예린이는 양보를 잘하는 아이라 굳이 강요하지 않아도 되는데 주원이는 십자가 지는 훈련을 통해 조금씩 배워갑니다.

예수님의 십자가 희생이 아이들에게는 큰 감동이 되었나 봅니다. 우리도 양보, 배려, 희생의 십자가를 져야 한다고 가르쳐주니 갈등이 생길 때마다 십자가 지는 적용을 잘합니다.

아이들이 좋아하는 팝업 동화책을 읽어줄 때면 둘이 페이지를 서로 넘기려고 자꾸 싸웠습니다. 한 명씩 읽어주는 방법도 써보았는데 서로 먼저 읽어달라고 또 싸웁니다. 한번은 그 책을 읽으려고 하는데 예린이가 불쑥 말했습니다.

"엄마, 나 그 책 안 읽고 싶어."

"갑자기 왜 그래? 이 책 좋아하잖아."

"그 책만 읽으면 주원이랑 싸우니까 안 읽을래."

옆에서 누나의 이야기를 듣던 주원이도 말했습니다.

"나도 안 읽을래. 누나랑 싸우기 싫어."

순간 아이들이 저보다 낫다는 생각이 들었습니다. 제가 조금만 지혜로웠다면 싸움이 일어나는 책을 안 읽어줬을 텐데 말이지요. 말씀으로 모난 부분이 깎이고 다듬어져서 하나님을 영화롭게 하는 아이들이 되길 소망합니다.

QT 내 마음에 계신 예수님

나는 포도나무이고 너희는 가지다. 사람이 내 안에 살고 내가 그 사람 안에 살면 그는 많은 열매를 맺는다. 나를 떠나서는 너희가 아무것도 할 수 없다 요 15:5, 현대인의 성경

예수님은 포도나무이시고 우리는 나무에 붙어있는 가지입니다. 그렇기에 그분께 꼭 붙어있어야만 열매를 많이 맺을 수 있습니다. 가지는 나무에서 떨어지면 말라죽고 맙니다. 저는 아이들의 마음 가운데 예수님이 계신지 물어보았습니다.

"예린아, 마음 중심에 누가 계서?"

"예수님이 계셔."

"그럼 주원이 마음 중심에는 누가 계서?"

"예수님만 계시진 않는데…."

"그럼 또 뭐가 있는데?"

"어, 예수님이랑 공룡이랑 뽀로로도 있어."

주원이의 이야기를 들은 예린이가 말합니다.

"사실 내 마음에는 예쁜 옷도 있어."

"엄마도 그럴 때가 있어. 우리 마음속에 예수님만 계실 수 있도록 함께 기도하자."

저는 아이들이 말하기 시작할 때부터 예수님이 우리 마음속에 계

신다고 끊임없이 말해주었습니다. 무서운 영상을 보거나 책을 읽고 나서 잠들 때 아이들이 무서워하면 "얘들아, 우리 마음속에 예수님이 계시니까 괜찮아. 하나님께서는 졸지도 않고 주무시지도 않고 지켜주시니까 괜찮아"라고 시편의 말씀으로 위로해주었습니다.

> 이스라엘을 지키시는 이는
> 졸지도 아니하시고 주무시지도 아니하시리로다
> 여호와는 너를 지키시는 이시라
> 여호와께서 네 오른쪽에서 네 그늘이 되시나니
> 낮의 해가 너를 상하게 하지 아니하며
> 밤의 달도 너를 해치지 아니하리로다
> 여호와께서 너를 지켜 모든 환난을 면하게 하시며
> 또 네 영혼을 지키시리로다
> 여호와께서 너의 출입을 지금부터 영원까지 지키시리로다
>
> 시 121:4-7

그래도 아이들이 무섭다고 하면 아이들의 가슴에 손을 얹고 기도합니다. 두려움을 쫓아내는 기도와 보혈로 아이들을 덮는 기도를 드립니다. 우리말로 기도하면 아이들이 자꾸 물어보며 잠을 안 자서 방언으로 기도를 합니다. 그런데 아이들이 방언기도를 너무 좋

아하는 것입니다.

방언이 뭔지 모르는 아이들은 제가 가르쳐주지도 않았는데 방언기도를 '하늘나라 기도'라고 부릅니다. 예린이는 방언찬양을 좋아하고, 주원이는 방언기도를 좋아해서 서로 자기가 원하는 대로 해달라고 요청하기도 합니다.

"엄마, 하늘나라 노래 불러줘."

"나는 하늘나라 기도해줘."

저는 가끔 제 몸이 두 개가 되면 좋겠다는 생각을 합니다. 두 아이의 요구를 모두 들어줄 수 없어서 난감한 적이 한두 번이 아니기 때문입니다.

QT 나는 하나님의 것이야!

처음 태어난 자는 다 내 것임은 내가 애굽 땅에서 그 처음 태어난 자를 다 죽이던 날에 이스라엘의 처음 태어난 자는 사람이나 짐승을 다 거룩하게 구별하였음이니 그들은 내 것이 될 것임이니라 나는 여호와이니라 민 3:13

하나님의 자녀들은 다 하나님의 것입니다. 저도 하나님의 것이고 아이들도 그분의 것입니다. 부모들은 아이들이 내 것이라고 생각하기가 쉽습니다. 특히 엄마들은 자녀를 자신과 동일시하기 때문에

'아이들이 잘되는 것이 곧 내가 잘되는 것'이라고 생각합니다.

그래서 저는 아이들에게 "너는 하나님의 것이야"라는 말을 많이 해주었습니다. 저 스스로에게 다짐하는 말이기도 하지요. 아이들은 이미 정답을 너무나 잘 알고 있습니다.

"예린이는 누구 것이야?"

"하나님 것이야."

"주원이는 누구 것이야?"

"나도 하나님 것이야."

"엄마도 하나님 것이야."

'나는 하나님의 것'이라는 사실이 얼마나 큰 은혜인지요? 스스로 내 인생을 계획하고 책임지는 것이 아니라 하나님께서 책임지고 인도해주시는 삶은 설사 폭풍 속에 갇힌다 해도 염려할 것이 없습니다. 예수님이 함께하시기 때문입니다. 자기 사람을 끝까지 사랑하시는 하나님께 아이들을 날마다 올려드립니다.

> 유월절 전에 예수께서 자기가 세상을 떠나
> 아버지께로 돌아가실 때가 이른 줄 아시고
> 세상에 있는 자기 사람들을 사랑하시되
> 끝까지 사랑하시니라
>
> 요 13:1

예수께서 선택하신 자녀를 끝까지 사랑하신다는 말씀이 위로가 됩니다. 엄마인 내 욕심만 내려놓으면 예수께서 이 아이들을 책임지실 것입니다. 저는 아이들이 하나님의 것이라는 정체성을 확실하게 갖고 엄마에게 강요된 신앙고백이 아닌 자신의 신앙고백으로 이어지기를 기도하고 있습니다.

QT 지은 죄를 자복하기

그 지은 죄를 자복하고 그 죄 값을 온전히 갚되 오분의 일을 더하여 그가 죄를 지었던 그 사람에게 돌려줄 것이요 민 5:7

죄를 지은 자는 하나님과 사람 앞에서 솔직하게 죄를 자복하라는 말씀을 함께 묵상했습니다. 아이들에게 "솔직하게 지은 죄를 고백해볼까?"라고 했더니 예린이가 먼저 고백합니다.

"주원이가 안 보는 사이에 주원이가 먹고 있던 요구르트를 몰래 한 입 먹었어."

"그럼, 미안하다고 고백할까?"

"주원아, 미안해."

이어서 주원이가 죄를 고백합니다.

"엄마, 물총….”

"지난번에 회개했으니 다른 죄를 자복해볼까?"

주원이는 여전히 물총사건이 마음에 남아있나 봅니다.

"사실은 아까 QT책을 조금 찢었어."

"왜 찢었는데?"

"실수로 그랬어."

"주원아, 실수는 괜찮아. 우리 애기들, 죄를 자복해줘서 고마워."

사소한 잘못이지만 아이들이 자신의 잘못을 보고 용서를 구하고 회개하도록 끊임없이 훈련시키고 있습니다. 몰래 요구르트를 먹고도 잘못된 것을 모르면 같은 행동을 반복할 테니까요.

아무리 작은 죄라 할지라도 그냥 두면 죄는 자랍니다. 아이의 죄가 자라지 않도록 막아줄 수 있는 건 예수님의 말씀밖에 없습니다.

> 욕심이 생기면 죄를 낳고
> 죄가 자라면 죽음을 낳습니다
> 약 1:15, 현대인의성경

작은 죄이지만 동생에게 용서를 구하는 아이가 제 눈에도 예쁘게 보이는데, 우리가 하나님께 눈물의 회개를 드릴 때 얼마나 사랑스럽게 보일까 생각하니 날마다 회개의 제사를 드려야겠다는 생각이 들었습니다.

저는 매일의 QT예배를 통해 한 손에는 말씀의 검을,
매일 책을 읽음으로 한 손에는 지식의 검을 쥔
하나님의 용사로 아이들을 키워야겠다고 생각했습니다.
성령께서 제 마음에 주신 생각이고,
그 인도함을 받은 것입니다.

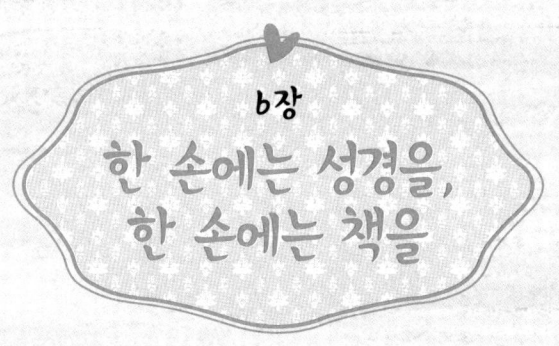

6장
한 손에는 성경을,
한 손에는 책을

거대한 사교육 속에서 자녀 키우기

지혜롭고 총명한 믿음의 아이로 키우는 것은 모든 크리스천 부모들의 꿈이고 소망일 것입니다. 저도 지혜로운 아이들로 자라기를 바라는 마음으로 잠든 아이들의 머리에 손을 얹고 하나님의 지혜가 임하기를 기도하곤 했습니다.

아이들이 태어나고 3년 동안은 '말씀암송과 기도면 충분하지 않을까?'라고 생각했습니다. 그러나 그것 역시 말씀과 기도라는 명분 속에서 제 역할과 책임을 회피하는 것은 아닌지 직면하게 되었지요.

거대한 사교육을 비판하며 현실을 외면하고 싶었던 것입니다. 그러나 몇 권의 육아서적을 접하면서 제가 했던 3년간의 육아는 방치이며 현실도피였음을 깨닫게 되었지요.

아이들이 만나게 될 거대한 사교육의 현실을 직면하고, 어떻게 대처해야 되는지 기도하는 시간을 가졌습니다. 해결책은 바로 말씀과 지식을 심어주는 일이었습니다.

예린이가 3~5세일 때는 말씀암송과 책 읽기로 양육했고, 6~7세인 지금은 QT와 책 읽기로 하고 있습니다.

최근에 복잡한 정치계의 상황과 하나님께서 기뻐하시지 않는 법들이 통과되는 것을 보면서 하나님의 자녀들이 세상에서도 리더가 되어야 영향력을 미칠 수 있다는 생각이 들었습니다.

예수님을 모르는 아이들이 자라서 성공하고 리더의 위치에 오르면 나라를 위험에 빠뜨릴 수 있습니다. 별것 아닌 것 같은 차별금지법의 통과로 목사님들이 설교를 제대로 못할 수도 있습니다.

저는 하나님의 아이들이 중요한 리더의 자리에 앉기를 원합니다. 꼭 내 자녀가 그 일을 해야 한다고 생각하지는 않습니다. 이 책을 읽는 어떤 분의 자녀든 예수님을 주인으로 모시고 있는 그 아이가 리더가 되길 원합니다. 그러기 위해서는 공부는 해도 되고 안 해도 되는 것이 아니라 하나님의 아이들 중 누군가는 꼭 해야 하는 것입니다.

저는 사역을 하는 분들과 만나 대화를 나누고, 그들의 어려움을 보면서 책육아를 많이 알려야겠다고 생각했습니다. 사역자의 자녀들은 예배와 말씀을 강요하지 않아도 잘합니다. 가정예배도 잘 드립니다. 그러나 그들조차도 거대한 사교육 속에서 고민하고 갈등합니다. 누구도 대한민국의 교육현장에서 자유로울 수 없기 때문이지요.

심지어 좋은 대학에 보내기 위해서는 "엄마의 정보력, 할아버지의 재력, 아빠의 무관심이 있어야 한다"라는 말까지 돌고 있습니다.

저는 사역자들조차 돈이 없어서 학원에 못 보내는 것을 속상해하고 안타까워하는 모습을 보면서, 돈이 있어야만 공부를 잘할 수 있는지 의문을 품게 되었습니다. 목사님의 자녀들 중에 홈스쿨을 하는 아이들도 많습니다. 여러 가지 이유가 있겠지만 사교육을 시킬 수 없는 것도 하나의 요인인 것 같습니다.

자녀가 셋인 어떤 목사님은 학원에 보낼 형편이 아니어서 속상하다고 했습니다. 아이들이 초등학교만 들어가도 학원에 안 가면 친구가 없다는 것입니다. 그래서 아이들이 점점 신경질적으로 변하고 반항이 심해지는 것을 보면서 홈스쿨을 선택했다고 했습니다. 그러자 아이들이 다시 예전의 순한 아이들로 돌아왔고, 지금은 너무 만족한다고 했습니다.

책육아의 주의사항

전업주부들은 말씀암송, QT, 책 읽기, 홈스쿨 등 무엇을 하더라도 시간의 여유가 있어서 부담이 적을 것입니다. 그러나 워킹맘들에게는 절대적으로 시간이 부족합니다.

사실 일을 하면서 동시에 엄마의 역할을 한다는 것 자체가 기적입니다. 엄마의 역할만으로도 너무나 힘들기 때문입니다. 거기다가 책까지 읽어주어야 한다는 것은 정말 큰 부담입니다.

 책육아까지 하기 어렵다면 아이와 함께 매일 QT예배를 꼭 드리시기 바랍니다. 암송을 하면 더 좋겠지만 일하는 엄마들에게는 말씀암송예배가 부담이 될 수 있습니다. 암송을 해도 자꾸 까먹기 때문에 반복해야 하고, 아이에게 암송을 강요하다 보면 서로 스트레스를 받게 됩니다.

 일단 말씀암송예배나 QT예배 중에 하나를 정해서 매일 꾸준히 하는 게 중요합니다. 말씀을 심어주지 않고 책만 읽어주는 건 우선순위가 바뀐 것입니다.

 책육아는 안 해도 되지만 '말씀 심어주기'는 매일 해야 합니다. 아이의 영이 건강해야 마음이 건강해집니다. 우리는 지식을 심어주기보다 아이들의 마음을 지켜주어야 합니다. 그러기 위해서는 말씀을 먼저 심어주어야 합니다.

> 모든 지킬 만한 것 중에 더욱 네 마음을 지키라
> 생명의 근원이 이에서 남이니라
> 잠 4:23

 예배를 우선순위로 삼은 후 하루 1권이라도 책을 읽어준다면 그 결과는 놀라울 것입니다. 하루에 1권씩만 읽어도 1년이면 365권이고, 유아기 7년 동안 약 2,500권을 읽을 수 있습니다. 하루에 2권씩 읽어준다면 5,000권을 읽게 되지요.

사교육에 투자할 돈이 없어도 지혜로운 아이로 키울 수 있는 대안이 바로 '책 읽기'입니다. 저희 아이들은 유치원에 보내지 않아도 이것만으로 그 효과를 보고 있습니다. 유치원에서 배우는 한글, 수학, 과학을 배우지 않았지만 책 속에서 더 많은 원리와 지식을 배워가고 있습니다.

아이들의 뇌 발달은 6세를 기점으로 멈춘다고 합니다. 중요한 유아기에 학습지와 주입식 교육으로 공부를 시키기보다는 책 읽기를 통해 하드웨어인 뇌를 발달시키는 것이 더 중요하다고 생각합니다.

하지만 책육아도 과유불급이 될 수 있습니다. 욕심이 많아지면 아이를 망칠 수도 있습니다. 선악과를 따먹은 하와의 후손인 엄마들은 욕심을 날마다 십자가에 못 박고 반드시 예수님의 인도함을 받아야 합니다.

> 그러므로 여러분은 땅에 있는 육체의 욕망을 죽이십시오.
> 음란과 더러운 짓과 정욕과 악한 욕망과
> 지나친 욕심은 버려야 합니다.
> 지나친 욕심은 우상 숭배입니다
> 골 3:5, 현대인의성경

아이에 대한 지나친 욕심으로 자녀를 우상 삼는 죄를 범할 수도 있습니다. 저도 늘 그 부분을 경계하고 있습니다. 아이들을 재우고 기도하는 시간에 가끔 이렇게 묻습니다.

'아빠, 제가 잘하고 있나요?'

'잘하고 있단다. 걱정하지 말거라.'

제가 자녀양육을 잘하고 있는지 점검을 받을 때마다 아빠 하나님께서는 주로 위로와 격려를 해주시지만 한번은 이렇게 말씀하셨습니다.

'그런데 딸아, 아이들을 일찍 재우거라.'

대부분의 일하는 엄마들처럼 저도 퇴근 이후에는 시간에 쫓깁니다. 저녁식사하고 뒷정리까지 하면 금세 8시가 되지요. 8시부터 9시까지는 책을 읽어주거나 아이들과 놀아줍니다. 씻고 나면 9시 30분이고, QT하면 10시가 됩니다. 아이들은 잠자기 전에 또 책을 읽어달라고 조릅니다. 그러다 보면 10시 30분에 잠자리에 들기도 합니다.

아이들이 누워 금세 잠들면 얼마나 좋을까요? 또 이런저런 이야기를 합니다. 아이들의 내면을 만져주면서 상처가 없는지 보혈로 덮기도 하고, 대적하는 기도도 합니다. 그러다 보니 아이들이 잠드는 시간은 10시 30분에서 11시 사이가 됩니다.

이렇게 아이들을 늦게 재우는 제게 주시는 책망이었습니다. 요즘은 책 읽는 시간을 줄여서 10시에 자도록 노력하고 있습니다.

책 읽어주는 엄마

아이들에게 책을 많이 읽어주면 좋다는 말은 부모라면 누구나 들어봤을 것입니다. 저도 아이들을 키우면서 많이 들었어요. 그러나 돌도 안 된 아이들에게 책을 읽어주는 건 재미도 없고, 아이의 반응도 없어서 돌 이전에는 거의 읽어주지 않았습니다. 또 집에 책도 없었고, 굳이 사서 읽혀야 된다는 생각도 없었지요.

예린이가 15개월 때 시부모님과 시누이네 가족과 함께 살게 되었습니다. 형님네 아이들의 책들이 책장 가득 있었지만 읽어줄 생각도 하지 않고 9개월이 지났습니다. 그즈음 읽은 육아서적을 통해 아이들의 뇌가 8세 이전에 급성장하기 때문에 그림책을 읽어주면 뇌 발달에 좋다는 것을 알게 되었지요.

저는 하루에 5권씩만 읽어주면 초등학교 1학년 때 만 권을 읽을 수 있겠다는 생각에 '만 권 프로젝트'를 세웠습니다. 그리고 독서장을 만들어서 매일 읽은 책을 기록하기 시작했지요.

그렇게 책을 읽어주다 보니 의외로 아이들이 책을 무척 좋아한다는 사실을 알게 되었습니다. 예린이가 36개월, 주원이가 24개월에 처음으로 읽어주기 시작했는데, 그전까진 아이들이 책을 좋아한다는 사실을 전혀 몰랐습니다.

5권만 읽어주려다가 어떤 날은 아이들이 원해서 20권도 넘게 읽어준 적도 있습니다. 사실 아이들 책은 글자가 적어서 금방 읽어줄 수 있지요.

책 읽기에 흥미를 가진 아이들이 집에 있는 그림책을 모두 읽어서 더 이상 읽을 책이 없자 주말마다 함께 근처의 어린이도서관에 다녔습니다.

기저귀를 차고 도서관을 아장아장 걸어 다니는 아이들이 무척이나 귀여웠습니다. 1인당 5권씩 대여가 되기에 갈 때마다 우리 가족 수대로 20권씩 빌려서 일주일 내내 읽었습니다. 그러나 그것도 일주일을 견디기엔 너무 적었습니다.

결국 중고로 유아책을 사서 질리도록 읽고 다시 중고로 파는 최적의 시스템을 구축하게 되었지요. 중고로 산 책을 구입했던 가격보다 조금 더 싸게 팔기 때문에 택배비와 1~2만 원의 추가비용밖에 들지 않는 장점이 있었습니다.

시작이 반이라는 말이 있듯이 일단 시작하니까 3년도 채 되지 않아 만 권을 달성하게 되었고, 지금까지 만 3천 권 정도를 읽었습니다. 책에는 아이들뿐 아니라 제게도 유익한 내용이 많았습니다. 그래서 저도 아이들과 함께 배워가게 되었지요.

  책 안에는 지식과 지혜만 있는 것이 아니라 아이들이 배워야 할 바른 생활습관, 친구를 사귀는 방법, 도덕성 등 방대한 인성교육의 내용도 담겨있었습니다. 아이의 지혜와 지식 그리고 올바른 성품을 키워주는 성경의 참고서와 같은 책들이 정말 많았습니다.

  예린이는 한글을 읽기 때문에 책을 스스로 읽어도 되지만 엄마가 읽어주는 걸 더 좋아합니다. 저는 아이들이 스스로 책을 읽을 수 있을 때까지 책 읽어주는 엄마가 되려고 합니다.

말씀과 지식

  칼 바르트(Karl Barth)의 유명한 말인 '한 손에는 성경을, 한 손에는 신문을'에 저는 별로 공감하지 못했습니다. 하나님을 뜨겁게 만나고 나니까 세상지식에 관심이 사라지고 오직 말씀과 예배만이 제 관심사였지요.

  제가 읽는 책이라고는 성경과 기독교서적이 전부였습니다. 그러다 보니 점점 세상에 대해 무식해지고 외계인이라는 말까지 들을 정도로 세상 일에 무식했습니다.

  제가 뉴스를 안 보니까 남편이 중요한 이슈는 꼭 알려주곤 했습니다. 저는 제 자신이 잘했다고 생각하진 않습니다. 세상을 등지고 어떻게 세상 가운데 빛이 될 수 있을까요?

처음 3년간의 양육도 '오직 말씀과 기도만으로 키우자'였습니다. 그런데 몇 권의 양육서를 접하면서 제가 현실파악이 전혀 안 됐다는 것을 깨닫게 되었습니다. 그래서 선택한 육아법이 '한 손에는 말씀을, 한 손에는 지식을 쥐어주자'였습니다.

저는 매일의 QT예배를 통해 한 손에는 말씀의 검을, 매일 책을 읽음으로 한 손에는 지식의 검을 쥔 하나님의 용사로 아이들을 키워야겠다고 생각했습니다. 성령께서 제 마음에 주신 생각이고, 그 인도함을 받은 것입니다.

저는 책을 읽어주면서 책 속에 하나님의 진리와 지혜가 아주 많이 담긴 것을 보게 되었습니다. 반면에 비성경적인 진리도 많다는 것을 발견하게 되었어요. 아이들이 혼자 읽으면 혼란스러울 수도 있겠다는 생각이 드는 책도 종종 있습니다.

한 예로 세계명작동화 중에 유명한 《잭과 콩나무》가 있습니다. 잭의 어머니는 잭에게 소를 팔아오라고 심부름을 보냅니다. 소를 몰고 시장으로 가던 중에 어떤 아저씨가 마법의 콩과 소를 바꾸자고 하니까 잭은 선뜻 바꿉니다.

그런데 어머니에게 돈 대신 콩을 내놓자 어머니는 너무 화가 나서 콩을 창밖으로 버립니다. 다음날 보니 창밖에 엄청난 콩나무 줄기가 생겨 잭이 그것을 타고 하늘로 올라갑니다. 하늘에는 덩치가 아주 큰 거인이 있었습니다.

잭은 거인 몰래 황금주머니와 황금을 낳는 닭을 훔쳐 달아납니다. 마지막으로 하프를 훔쳐서 나오다가 거인에게 들킵니다. 잭은 서둘러 콩 줄기를 타고 내려온 뒤 도끼로 콩 줄기를 찍었고, 거인은 콩 줄기에서 떨어져 죽었다는 이야기입니다.

저는 이런 책을 읽으면 아이들에게 질문을 던집니다.

"예린이는 주인공이 잘했다고 생각해?"

"아니라고 생각해."

"잭이 무얼 잘못했을까?"

"거인의 물건을 훔치고 거인을 죽였으니까 나빠."

"주원이는 어떻게 생각해?"

"나도 나쁘다고 생각해."

아마 이런 책을 아이들끼리 읽는다면 옳고 그름의 분별이 되지 않아 그대로 이야기를 흡수할 것입니다. 비성경적인 내용이 담긴 책은 아이들과 꼭 토론을 해서 무엇이 옳은지 짚어주고 넘어갑니다.

때론 다양한 분야의 책들을 읽으면서 하나님의 말씀을 좀 더 쉽게 아이들에게 전할 수 있어 일석이조의 효과를 누리기도 합니다.

미국의 16대 대통령인 링컨의 어머니는 죽으면서 성경책을 남겨주었다고 합니다. 그녀의 마지막 유언은 다음과 같습니다.

"이 한 권의 성경책을 물려주는 것을 진심으로 기쁘게 생각한다. 성경을 부지런히 읽어서 성경말씀대로 하나님을 사랑하고 이웃을 사랑하는 사람이 되어다오."

링컨은 어머니에게서 성경책을 물려받고, 이후에 새어머니에게서 책을 공급받아 어려서부터 책을 읽으면서 성장했습니다. 새어머니는 품삯 대신 책을 받아 그에게 가져다주었다고 합니다. 훗날 링컨은 자서전에 이렇게 적었습니다.

"내 인생의 두 가지 인연이 없었다면 난 지금 도끼를 놓지 못하는 산골의 말없는 목수로 살고 있을 것이다. 그 하나는 나를 다시 낳아준 사라와의 인연이고, 다른 하나는 나의 꿈과 신념을 일깨워준 수많은 책들이다."

저는 제 아이들만 잘 키워야 한다고 생각하지 않습니다. 이 땅의 모든 아이들이 잘 자라야 합니다. 내 아이가 사는 세상은 이 아이들이 함께 만들어갈 세상이기 때문입니다.

그 아이들 중에 누군가는 제 며느리도 되고 사위도 될 것이기 때문에 모든 아이들이 말씀 안에서 잘 자라길 바랍니다. 잘 양육 받지 못한 아이들은 사회에서 많은 문제를 일으킵니다. 어쩌면 내 자녀가 그 아이들 때문에 고통받을 수도 있습니다. 왕따가 대표적인 예입니다.

어려서부터 아이에게 성경말씀을 가르쳐서 말씀이 아이들의 마음 가운데 심긴다면 바르게 자랄 수밖에 없습니다. 때론 방황할 수도 있고, 비뚤어진 길로 갈 수도 있겠지만 말씀이 아이를 길이요 진리요 생명이신 예수께로 인도해줄 것입니다.

예수께서 이르시되
내가 곧 길이요 진리요 생명이니
나로 말미암지 않고는 아버지께로 올 자가 없느니라
요 14:6

책 읽는 습관 길러주기

예린이가 36개월부터 책을 읽어줬으니까 늦게 시작한 편입니다. 왜 읽어줘야 하는지에 대한 동기부여가 없었고, 일하고 돌아오면 피곤하고 지쳐서 남편에게 미루기도 했습니다.

그러나 엄마가 못하면 아빠는 더 못합니다. 내가 하기 힘든 책 읽어주기를 남편에게 미루지 마세요. 유대인들도 엄마가 유대인이

어야 자녀도 유대인으로 인정을 받는다고 합니다.

하나님께서는 엄마가 자녀를 양육하기 때문에 아빠에게는 없는 멀티태스킹(multitasking) 능력을 주셨습니다. 회사에서도 남자들은 동시에 일을 처리하는 능력이 부족한 반면, 여자들은 여러 가지 일처리가 가능합니다.

또한 아이들은 엄마와 친밀감이 더 형성되어 있기 때문에 아빠와 책 읽기는 효과가 적습니다. 아빠와는 동적으로 노는 것을 더 좋아하기에 정적인 책 읽기는 함께하고 싶어 하지 않을 수 있습니다.

아이들에게 책을 읽어주기 시작하면서 아이들과 친밀감, 정서적인 교감이 깊어졌고, 아이들의 지적 호기심이 급속도로 발달하는 것을 깨닫고 주변에도 많이 권합니다.

아이들이 어릴수록 책 읽는 습관을 들이기가 좋습니다. 아이들이 친구랑 노는 것을 좋아하고 다른 놀이나 텔레비전에 흥미를 갖기 시작하면 책에 대한 흥미가 조금씩 떨어지기 시작하지요.

아이들이 책의 내용을 가장 잘 흡수하던 때는 처음 읽어주기 시작한 1년간으로 기억합니다. 지금은 책 읽기보다 다른 놀이들을 더 좋아합니다. 매일 책을 읽어주다 보니 아이들을 책에 집중시키는 노하우가 자연스럽게 생겨났습니다. 책 읽기에 집중시키기 좋은 7가지 방법을 나누어보겠습니다.

1. 책에 흥미를 갖지 못하는 아이나 집중하는 시간이 길지 않은 아이는 간식 시간에 책을 읽어주면 효과적입니다. 맛있는 간식을 다 먹기 전에는 자리를 뜨지 않기 때문입니다.

2. 대체로 아이들은 잠자는 것을 싫어하기 때문에 자기 전에 책을 읽어주면 흥미를 갖습니다. 그래서 저는 아이들이 비교적 읽기 싫어하는 영어책을 한 권씩 읽어주고 있습니다.
"우리 잘까, 영어책 읽을까?"라고 물어보면 "영어책 읽을 거야"라고 말합니다. 영어책을 좋아해서가 아니라 잠자기 싫어서 나오는 반응이지요.

3. 아이들이 신나고 재미있게 놀고 난 다음에 책을 읽어주면 좋습니다. 아직 놀이에 집중해 있는데 책을 읽자고 하면 오히려 책 읽기가 싫어지는 요인이 됩니다. 엄마가 인내심을 가지고 아이에게 가장 잘 맞는 타이밍을 포착해서 읽어주어야 합니다.

4. 아이가 좋아하는 책 위주로 책을 충분히 준비해두어야 합니다. 아무리 좋아하는 책도 매일 반복해서 읽어주면 지루해합니다. 저는 주원이는 공룡에 관한 책을, 예린이는 병원에 관한 책을 무척 좋아해서 관련 내용의 책들을 찾기 위해 노력했습니다.

5. 아이가 좋아하는 책은 일부러 책상 위에 올려놓거나 아이의 손이 닿기 쉬운 곳에 놓아둡니다. 그러면 놀다가도 책을 펼칩니다. 그리고 책을 읽어달라고 스스로 가져오는 모습을 보게 됩니다.

6. 다독을 위해서는 전집을 피할 수 없습니다. 전집은 책을 대량으로 저렴하게 중고로 구입할 수 있는 장점이 있는 반면, 좋은 책과 그렇지 않은 책이 섞여 있는 단점이 있습니다. 구입비가 아깝다고 무조건 다 읽히겠다는 마음은 버려야 합니다. 그러면 아이가 책에 대한 흥미를 잃게 됩니다.

7. 아이가 읽은 책을 기록하는 습관을 들이면 좋습니다. 매일 읽은 책들을 기록하면 엄마도 성취감을 느낄 수 있고, 아이들에게 보여주면 무척 좋아하지요.

이렇게 하루 한 권이라도 읽어주겠다고 목표를 정하고 꾸준히 읽다 보면 어느새 습관이 되어있을 것입니다. 목표치를 너무 높게 잡아서 중도에 포기하느니 차라리 낮게 잡아서 꾸준히 하는 것이 더 좋습니다.

책과 친해지는 인테리어

　책을 읽을 수 있는 환경을 만들어주는 것도 중요합니다. 아이들이 가장 많이 머무는 공간은 거실입니다. 거실 중앙에 TV를 놔두는 환경은 아이들이 책을 읽기에 적합하지 않습니다.

　첫째, 가능하면 TV를 거실에서 없애는 것을 추천합니다. 혹시 거실 외에 놔둘 곳이 없다면 방송이 나오지 않도록 하고, 교육용 DVD를 보는 용도로만 사용하면 좋을 것입니다.
　아이들에게 TV는 마치 선악과와 같습니다. 가장 유혹적인 위치에 놓고 보지 말라고 하는 것은 어불성설입니다. 거실장 위치에 책장을 놓고 아이들이 좋아하는 책 위주로 꽂아두면 놀이를 하다가도 책을 빼서 보는 광경을 목격하게 될 것입니다.
　둘째, 주방에 공간의 여유가 있다면 식탁 옆에 책장을 놓고 식탁에서 책을 읽도록 해도 좋습니다. 저는 이 공간에서 주로 책을 읽어줍니다. 거실과 식당은 사용 빈도가 높고 책과 접근성이 가장 좋기 때문에 책 읽는 습관을 들이기에 좋습니다.
　셋째, 아이가 어려서 아직 자기 방이 필요 없다면 방 하나를 유아 서재로 꾸며주는 것도 권장합니다. 장난감은 하나도 없이 책장과 책상만 놓으면 좋습니다. 저희 집의 경우 거실은 장난감을 가지고 노는 공간으로, 주방은 북카페로, 방 하나는 온전히 아이들을 위한 서재로 꾸며주었습니다.

저희 집에 목장예배를 드리러 오신 집사님이 '아이들을 위한 천국'이라는 표현을 쓰셨습니다. 그 정도로 아이들이 마음껏 놀고 책을 읽을 수 있는 환경이라는 뜻입니다.

이 방은 '서재'나 '공부방'이라고 부르지 않고 의도적으로 'QT방'이라고 부릅니다. 이 방에서 매일 QT를 하기 때문입니다. 공부가 목적이 아닌 QT가 목적인 방입니다. 함께 말씀을 나누고 기도하는 방으로, 아이들에게 QT와 예배가 얼마나 중요한지 깨닫게 해주기 위해서입니다.

아이들은 자기 전에 씻고 나면 자동으로 이 방으로 향합니다. 가끔 저희 집에서 목장예배를 드리는 날 밤 11시가 넘어서 예배를 마치게 되면 목장예배로 QT를 대체합니다. 그러나 아직 시간 개념이 없는 아이들은 12시가 되어도 QT하러 그 방으로 들어갑니다.

"얘들아, 오늘은 목장예배로 대체할게."

"그러면 내일 2개 해줘, 엄마!"

"그래! 얘들아, 미안해."

워킹맘이라 이럴 때 속상합니다.

'일찍 퇴근할 수 있다면 미리 QT하고 목장예배 드렸을 텐데….'

미안한 마음이 밀려오지만 주어진 상황에서 최선을 다한다면 나머지는 하나님께서 책임져주실 것을 믿습니다.

넷째, 안방을 가족서재로 꾸미는 것도 좋습니다. 저도 아이들이 초등학교에 들어가면 안방을 서재로 꾸밀 계획을 세우고 있습니다. 보통은 아이 방에 침대와 책상을 놓아줍니다. 거기다 컴퓨터까지 설치해주는 것은 아이를 망치는 지름길입니다. 아직 절제와 분별이 안 되는 아이들 방에 어른들도 절제하기 어려운 컴퓨터를 놓아주는 것은 매우 위험한 행동입니다.

최근에 개인주택을 리모델링하는 프로젝트를 진행하게 되었습니다. 그런데 남향의 가장 넓은 안방을 자녀들을 위해 가족서재로 사용하고 있는 것을 보았습니다. 두 면은 책장이고 한가운데는 아일랜드형 책상이 놓여있었습니다.

그곳은 부부와 두 자녀가 함께 이용하는 서재였습니다. 아이들은 어려서부터 이 방에서 공부하고 책도 읽으며 많은 시간을 보냈다고 합니다. 아이들이 둘 다 대학생인데도 개인침실에는 책상이 없고, 이 방에서 함께 공부한다고 합니다. 침실은 잠자고 쉬는 공간으로 사용하고요.

저는 사춘기 아이들이 자기 방에 들어가서 나오지도 않고 문까지 걸어 잠근다는 이야기를 들으면서 '가족서재가 하나의 대안이 될 수 있지 않을까'라는 생각을 해보았습니다.

또한 최근에는 도서관의 형태도 많이 바뀌고 있습니다. 예전에는 닭장처럼 답답하고 조용한 독서실이 대세였습니다. 저는 중고등학교 시절에 독서실에 가면 너무 조용해서 잠만 자다가 왔습니다. 그래서인지 요즘은 카페에서 공부하는 사람들이 부쩍 늘어나고 있습니다. 미국 시카고대학의 연구에 의하면 너무 조용한 공간보다는 적당한 소음이 있는(50~70dB) 공간에서 공부가 더 잘된다고 합니다. 물론 개인차가 있겠지만요.

그런 측면에서 가족이 함께 사용하는 가족서재는 아이들에게 책 읽는 습관을 들일 좋은 공간이 될 것 같습니다.

좌절감 주지 않기

아이들에게 책을 읽어주면서 제 학창시절이 생각났습니다. 세 살에 화상을 입고 고통과 시련 가운데 중학생이 될 때까지 공부를 하지 않았습니다. 공부를 해야 할 이유도 목적도 없었거든요.

그러다가 중학교 2학년 때 실험대상이 된 듯한 수술로 더 끔찍해진 얼굴을 보면서 처음으로 의사가 되어 스스로 수술 방법을 찾겠다며 공부를 시작했습니다.

그러다 보니 기초 없이 집을 짓는 것과 같았습니다. 초등학교 과정과 중학교 1학년까지의 과정이 텅 비어있었기 때문이지요. 중학교 2학년 때 처음으로 시작한 공부 방법이 무식한 암기법이었습니다. 암기로 공부해서 반에서 1등을 한 적도 많습니다. 암기 위주의 공부도 학력고사를 볼 때까지는 잘 통했습니다.

그러나 고등학교 2학년 때 수능제도로 바뀌면서 제 성적은 곤두박질쳤고, 결국 모래 위에 쌓은 집이 무너지는 아픔을 경험했지요. 꿈이 좌절되는 가운데 저는 명문고에서 다시 시골의 작은 고등학교로 전학을 가게 되었습니다.

이 뼈아픈 경험 때문에 아이들에게는 기초를 잘 쌓아주고 싶었습니다. 꼭 공부 잘하는 아이로 키우겠다는 생각보다는 아이들이 정말 꿈을 찾아서 공부를 해야겠다고 결심했을 때에 저와 같은 좌절을 겪게 하고 싶지 않았어요. 그래서 꾸준히 만 3천 권이나 되는 책을 읽을 수 있었던 것 같습니다.

아이들에게 꿈을 주는 책

아이들에게 다양한 책을 읽어주다 보니 창작, 전래, 명작, 위인, 수학, 과학, 자연에 대해 저도 몰랐던 풍부한 지식과 지혜를 배울 수 있었습니다. 기초가 부족한 엄마가 아이들과 같이 배우는 중입니다. 그냥 외웠던 지식들 안에 이런 원리가 있었는지 새삼 놀랄 때가 많습니다.

아이들에게 책을 읽어주다 보면 아이들이 좋아하는 분야에 대해서도 알게 됩니다. 예린이는 유난히 인체와 병원 관련 책들을 좋아합니다. 의사선생님이 나오는 책은 닳도록 읽고 또 읽습니다. 책을 여러 번 읽고 나서 중고로 되팔기 때문에 예린이가 좋아하는 의사가 나오는 책도 팔게 됩니다. 그러면 그 책을 찾으면서 울 때도 있습니다. 지금도 가끔 예전에 읽은 '예방주사 맞는 아이'에 대한 책을 찾으면서 속상해합니다.

예린이는 〈WHY 시리즈〉 중에서 해부학이나 장애, 과학 책을 무척 좋아합니다. 어린이과학관에 가도 인체관에 가서 다양한 장기들을 들여다보면서 너무나 좋아합니다. 남편이 아이를 위해서 EBS 다큐프로그램인 〈명의〉를 틀어주었는데 그날부터 계속 그것만 보여달라고 요구합니다.

수술하는 장면이나 병이 낫는 과정이 너무나 재미있다는 것입니다. 심지어는 QT시간에 그 프로그램에 나왔던 환자를 위해 기도를 한 적도 있습니다.

크리스마스에 받고 싶은 선물도 늘 병원놀이 세트입니다. 예린이의 장래희망은 책을 읽기 시작하면서부터 '의사'였습니다. 저는 아이에게 의사가 되면 아프리카에 같이 가서 아픈 친구들을 치료해주자고 약속했습니다. 물론 꿈이 중간에 바뀔 수 있지만 책을 통해 꿈을 심어주는 것은 긍정적인 영향력임에는 틀림없습니다.

　주원이는 2세부터 공룡을 좋아하기 시작하더니 6세가 된 지금도 무척 좋아합니다. 공룡이 나오는 책은 모두 좋아하고 공룡 박사님이 되어 타임머신을 타고 공룡시대로 가는 것이 꿈입니다. 그러다 보니 자연스럽게 진화론 책들을 많이 접하게 되었습니다.

　처음에는 제가 진화론 관련 부분은 "하나님께서 창조하셨다"라고 바꿔서 읽어주었습니다. 그런데 어차피 학교에 들어가면 다 배울 것이기에 다윈의 진화론은 잘못된 학설이고, 하나님의 창조론이 옳다고 가르쳐주었습니다. 지금은 아들도 진화론이 말도 안 되는 학설이라며 흥분할 때가 있습니다.

　"엄마, 어떻게 원숭이가 사람이 될 수 있어? 정말 말도 안 돼."

　진화론에 의하면 공룡시대인 트라이아스기, 쥐라기, 백악기를 거쳐 공룡이 멸종하고 원숭이에서 진화한 인류가 탄생합니다. 어느 날은 "진화론이니까 참조만 하고 믿으면 안 돼!"라고 설명한 뒤 책을 읽어 내려갔습니다. 그러자 주원이가 말했습니다.

　"엄마, 그만 읽어."

　"왜 그래?"

　"나 진화론 믿을까봐 안 들을래."

　어린 아이가 자신의 믿음을 지키기 위해 조심하는 모습이 기특했습니다. 아이는 책을 읽다가 헷갈리는 부분은 꼭 물어봅니다.

"엄마, 이것도 다윈의 진화론이야?"

"아니, 엄마가 진화론인 건 이야기해줄게."

진화론 관련 책을 안 읽어주는 것만이 답은 아니라고 생각합니다. 어차피 초등학교에 들어가면 다 배웁니다. 창조론과 진화론이 무엇이고, 어떤 게 옳은지 분별할 수 있는 능력을 키워줘야 한다고 생각합니다. 다행히 남편이 창조과학에 관심이 많아서 공부를 많이 했기에 도움을 받고 있습니다.

책은 가장 재미있는 장난감

우리 아이들에게 책은 즐거운 장난감입니다. 늘 새로운 소재와 주제와 주인공이 등장하는 상상의 세계입니다. 때론 즐거운 상상 속에서 웃기도 하고, 슬픈 이야기를 읽으면 눈물을 글썽거리기도 합니다. 책 읽기는 엄마와 함께 다양한 세상을 경험하는 최고의 놀이터입니다.

처음 책을 읽어줄 때는 아이의 마음에 작은 씨앗을 심는 것과 같습니다. 그러나 책의 양이 늘어날수록 거대한 책나무가 형성됩니다. 물과 햇빛이 있어야 나무가 자라듯이 아이의 책나무도 하루 아침에 자라지 않습니다. 매일 1~5권씩 꾸준히 읽어주다 보면 어느새 커다란 나무가 되어있습니다.

책 읽기는 공부가 아닙니다. 재미있는 놀이입니다. 때론 똑같은 책을 30번까지 읽은 적도 있습니다. 읽는 엄마의 입장에서는 너무 지루하고 재미없지만 아이가 즐거워하기 때문에 읽어주지요.

공룡과 인체에 관한 책은 하도 많이 읽어서 제가 다 외울 지경입니다. 주원이가 4세 때는 공룡책을 너무 좋아해서 제가 몰래 팔았던 적이 있습니다. '공룡 수백 마리의 이름을 외워서 뭐하려나' 싶어서 제 마음대로 처분한 것이지요.

지나고 나니 아이의 즐거운 장난감을 지식전달의 수단으로만 생각하여 빼앗은 것이 미안해졌습니다. 그 이후에는 비록 아이에게 도움이 안 될 것 같은 책일지라도 아이가 좋아하면 인내심을 가지고 읽어주려고 노력합니다. 책 읽기를 공부가 아닌 재미있는 놀이로 접근하는 게 좋습니다.

공룡에서 확장된 지식체계

주원이는 공룡이 멸종한 학설에도 관심이 많습니다. 제가 중고등학교 시절에 억지로 공부한 내용들을 아이는 너무 재미있다면서 즐겁게 지식을 습득해가고 있습니다.

공룡이 왜 멸종했는지에 대한 세 가지 학설을 줄줄 외우는 아이에게 "그건 정확한 학설은 아니고 가설이니까 참고만 해"라고 했습니다. 그랬더니 주원이가 아빠에게 질문했습니다.

"아빠, 공룡은 왜 멸종했어?"

"그건 사람들이 다 잡아가서 그래."

"에이, 말도 안 돼."

"그것은 아빠의 학설이야. 하하~."

창조과학에 관심이 많아서 그 분야의 지식이 많은 남편은 우리나라에 호랑이가 멸종한 것처럼 사람들이 다 잡아가서 자연스럽게 공룡이 멸종했다고 주장합니다. 그래서 아이에게 아빠의 학설까지 합쳐서 공룡멸종설은 네 가지가 되었습니다.

주원이는 공룡을 좋아해서 공룡이 멸종했던 지구환경과 자연재해에도 관심이 무척 많습니다.

또 5세 때는 관성에 대한 책을 읽었는데 책이 너무 인상적이었던지 뛰어가다가 일부러 멈추서 넘어진 다음에 이렇게 말했습니다.

"누가 밀었어? 에이, 관성이란 녀석이잖아!"

가끔 차를 타고 가다가 급정거해서 앞으로 몸이 쏠리면 "관성 때문에 자꾸만 앞으로 넘어가잖아"라고 말합니다.

주원이는 과학을 좋아합니다. 하루는 아빠한테 "지구에는 중력이 있는데 왜 운석이 지구로 안 떨어지는 거야? 자동차가 기름으로 움직이는 건 알겠는데 기름이 어떻게 차를 움직이게 하는 거야?"라고 질문했습니다. 사실 저는 어려운 질문에 답을 거의 못하기 때문에 아빠에게 이런 질문들이 쏟아집니다.

하루는 유명한 우주과학자인 스티븐 호킹에 대한 책을 읽었습니다. 그가 주장하는 블랙홀 이론에 아이가 너무 심취하기에 제가 확실한 이론이 아닐 수도 있으니 참조만 하라고 했습니다.

"엄마, 그런데 하나님은 왜 블랙홀을 만드셨을까?"

"엄마도 잘 모르겠네."

"지구까지 빨아들일까봐 무서워."

"걱정 마. 하나님께서 지켜주실 거야."

아직 어리기에 때론 지식이 두려움으로 이어지기도 합니다. 자연재해나 블랙홀, 운석 등으로 지구에 재난이 올까봐 염려하기도 하지요.

지혜가 많으면 번뇌도 많으니
지식을 더하는 자는 근심을 더하느니라

전 1:18

어린 주원이가 지식 때문에 걱정하는 모습을 보니 전도서 말씀이 떠올랐습니다. 이전에는 이 말씀이 별로 공감이 되지 않았는데 주원이를 보니 100퍼센트 이해가 되었습니다.

예린이에 비해 주원이는 지식에 근심이 더해지나 봅니다. 인체에 대한 책을 읽으면 암에 걸릴까봐 두려워합니다. 한동안은 계속 암에 대해 물었습니다.

"엄마, 암은 몇 살부터 걸려?"

"아이들은 안 걸리니까 걱정 마."

저는 주원이가 걱정할까봐 안 걸린다고 말해주었습니다. 남편도 저와 똑같이 대답해주었지요. 그런데 할머니 댁에 갔을 때 의사인 고모에게도 물어보았나 봅니다. 형님은 주원이의 상황을 잘 모르기에 아이들도 병에 걸릴 수 있다고 말해준 모양입니다.

"엄마, 고모가 그러는데 아이들도 암에 걸릴 수 있대."

"너는 안 걸리니까 걱정하지 마. 하나님께서 지켜주실 거야."

아는 것이 많은 것은 장점과 단점이 있습니다.

저는 역으로 아이들의 지식을 이용하기도 합니다. 하루는 주원이가 놀이터에서 초등학생들이 스마트폰 게임을 하는 것을 보고는 자기도 사달라며 졸랐습니다.

"나도 초등학교에 들어가면 스마트폰을 사줘."

"스마트폰은 중독에 빠질 수 있어. 그리고 주원이 뇌세포가 죽을 수도 있는데 괜찮겠어?"

"그럼 대학생이 되면 사줘."

"그래, 그때 세상에서 제일 멋진 스마트폰을 사줄게."

정말 이 약속처럼 되기를 간절히 바랍니다. 어린아이들의 손에 스마트폰을 쥐어주는 건 마치 아이에게 칼을 쥐어주는 것과 같기 때문입니다.

책을 통해 성경적 가치관 심어주기

생각을 많이 하게 하는 책들을 읽은 후에는 아이들과 토론을 합니다. 화산폭발에 대한 책을 읽으면 그것이 주는 단점과 장점을 나누어보고, 이야기책을 읽으면 주인공에 대해 어떻게 생각하는지 물어보기도 합니다.

"만약 너희들이라면 어떻게 했을 것 같아?"

제가 질문을 던지면 아이들은 재미있는 이야기나 엉뚱한 생각들을 많이 말합니다. 저는 책을 읽더라도 성경적인 가치관을 심어주려고 노력합니다. 모든 지식을 그대로 흡수하는 것이 아니라 분별할 수 있는 지혜를 갖게 하려고 애씁니다. 아이들과 나눈 몇 가지 토론을 나누어보겠습니다.

Book 이솝우화 《여우와 두루미》를 읽고

이솝우화 중에 유명한 이야기입니다. 여우가 두루미를 식사에 초대합니다. 그런데 여우가 납작한 접시에 음식을 내와서 두루미가 먹을 수가 없습니다. 그에 대한 복수로 두루미도 똑같이 식사초대를 해서 여우가 먹을 수 없는 좁고 긴 병에 음식을 담아옵니다.

저는 아이들에게 "누가 더 잘못한 것 같니?"라는 질문을 던졌습니다. 두 아이 모두 여우가 잘못한 것 같다고 대답했고, 저는 둘 다 잘못했다고 했습니다. 두루미의 행동은 세상에서 말하는 '눈에는 눈, 이에는 이'로 똑같이 갚아주는 식이었습니다. 그러나 예수께서는 다음과 같이 말씀하십니다.

> 또 너를 고발하여 속옷을 가지고자 하는 자에게
> 겉옷까지도 가지게 하며
> 또 누구든지 너로 억지로 오 리를 가게 하거든
> 그 사람과 십 리를 동행하고
> 마 5:40,41

말씀에 의하면 두루미는 여우가 비록 자신을 골탕 먹였더라도 초대해서 배불리 먹여야 합니다. 그것이 우리 크리스천들이 해야 하는 행동입니다.

"여우같은 친구가 이렇게 하면 예린이는 어떻게 할 거야?"

"그래도 맛있는 것을 줄 거야."

"주원이는 어떻게 할 거야?"

"난 안 줄 거야."

두 아이는 대조적인 성향을 보일 때가 많습니다. 상대적으로 예린이 양육은 쉽고 주원이는 더 많이 노력해야 합니다. 어쩌면 남자아이와 여자아이의 차이일 수도 있습니다. 주원이로 인해 더 기도하며 하나님의 지혜를 찾고 구하게 됩니다.

저는 책을 통해 아이들에게 말씀을 가르치고, 말씀에 비추어서 책을 읽는 습관을 길러주려고 노력합니다.

Book 《황금뿔 사슴왕》을 읽고

사슴들이 모여 사는 아름다운 동산에서 황금뿔 사슴왕과 사슴들이 행복하게 살고 있었습니다. 어느 날, 임금님이 나타나 사슴들을 마구 사냥해갔습니다. 황금뿔 사슴왕은 임금님에게 하루에 1마리씩만 잡아가라고 부탁했지요.

사슴들은 날마다 제비를 뽑아 사냥감을 정했는데 어느 날, 새끼를 배고 있는 어미사슴이 뽑혔습니다. 어미사슴은 새끼를 낳고 죽을 수 있게 해달라고 황금뿔 사슴왕에게 부탁했습니다.

사슴왕이 "누가 이 어미사슴 대신 죽겠는가?"라고 물었지만 나서는 사슴이 없었습니다. 결국 황금뿔 사슴왕은 새끼 밴 어미 사슴 대신 죽기 위해 임금님에게 나갔습니다.

"아니, 너는 사슴왕이 아니냐? 다른 사슴들은 어디 가고 네가 나왔느냐?"라고 임금님이 묻자 어미사슴을 죽게 할 수 없어 자신이 대신 나왔다고 대답합니다.

"임금님, 백성을 지키는 것이 왕의 도리가 아닙니까?"라고 사슴왕이 말하자, 임금님은 "짐승인 네게 왕의 도리를 배우는구나"라며 크게 감동을 받았습니다. 그날부터 임금님은 사냥을 나오지 않았습니다.

저는 황금뿔 사슴왕이 마치 예수님 같다는 생각이 들어 무척 감동이 되었습니다.

"얘들아, 사슴왕이 우리를 위해 대신 죽으신 예수님 같다. 그치? 예수님도 죽을 수밖에 없는 우리를 위해 십자가에서 대신 죽으셨잖아. 혹시 너희들도 엄마를 위해 대신 죽어줄 수 있니?"

어려운 질문이지만 아이들이 어떻게 대답할지 내심 궁금했습니다. 늘 정답을 이야기하는 예린이가 얼른 대답했습니다.

"난 엄마 대신 죽을 수 있어."

"주원이는?"

"어… 난 못해."

주원이의 솔직한 대답 앞에서 우리는 예수님의 죽음과 사랑에 대해 더 깊은 대화를 나누고 토론을 마쳤습니다. 잠시 후에 주원이가 욕실에 있는 아빠에게 달려가서 질문했어요.

"아빠, 나를 대신해서 죽어줄 수 있어?"

"당연하지. 아빠는 너 대신 죽을 수 있어."

주원이는 아빠 대답에 무척 편안한 표정을 지었습니다. 아이의 어린 마음에 대신 죽어주는 사랑이 깊은 감동을 준 것 같았습니다. 이 책을 통해 우리는 예수님의 대신 죽어주시는 사랑을 배웠습니다.

Book 톨스토이의 《세 가지 질문》을 읽고

황제는 나라를 잘 다스리기 위해서 세 가지 질문에 답하는 사람에게 큰 상을 내리겠다는 방을 붙입니다.

첫째, 가장 중요한 때는 언제인가?

둘째, 가장 중요한 사람은 누구인가?

셋째, 가장 중요한 일은 무엇인가?

아무도 답을 내놓지 못하자 황제는 답을 찾기 위해 지혜로운 노인을 찾아갑니다. 노인은 작은 밭에서 괭이질을 하고 있었습니다. 황제는 공손히 절을 하고는 그에게 세 가지 질문을 합니다.

노인은 아무 말도 하지 않고 묵묵히 일만 했고, 황제는 노인을 도와 밭을 갑니다. 해 질 무렵에 황제가 돌아가려고 할 때 누군가 배를 움켜

쥐고 쓰러져 있는 것을 발견합니다. 배에서 붉은 피가 흘러나오는 것을 본 황제는 자기 옷을 찢어 상처를 감아주며 밤새 정성껏 돌봅니다. 다음날, 정신을 차린 부상자가 황제에게 말합니다.

"저는 형이 억울하게 처형당한 후 줄곧 폐하를 미워하고 있었습니다. 그러다 우연히 황제께서 지나가시는 것을 보고 형의 복수를 하기로 마음먹었지요. 저는 칼을 들고 숲에 숨어있다가 병사들에게 들키고 말았습니다. 칼을 맞고 죽을 뻔한 저를 황제께서 살려주셨습니다. 부디 저를 용서하옵소서."

황제는 부상자를 용서합니다. 톨스토이에 의하면, 전날 황제가 노인을 돕지 않고 일찍 돌아갔다면 저 사람에게 죽임을 당했을 것이니 황제가 밭을 갈고 있을 때가 가장 중요한 때입니다. 노인을 만나 이런 일이 생겼으니 노인이 가장 중요한 사람입니다. 그리고 황제가 노인을 도운 일이 가장 중요한 일이라고 합니다.

톨스토이는 이 작품을 통해 가장 중요한 때는 바로 지금이고, 자기 옆에 있는 사람이 가장 중요하며, 그를 위해 선행을 베풀어야 이 순간을 소중하게 보낼 수 있다는 교훈을 전합니다.

책을 다 읽기 전에 아이들에게 질문을 던져보았습니다.

"얘들아, 세상에서 가장 중요한 때는 언제일까?"

"예수님을 사랑할 때가 가장 중요해."

"세상에서 가장 중요한 사람은 누구일까?"

"예수님이 가장 중요한 사람이야."

여기까지는 예린이의 대답입니다. 평소에 QT하면서 예수님이 우리가 살아가야 하는 이유이자 목적이고, 죽어서 예수님 만나는 것이 가장 중요한 일이라고 강조했더니 이렇게 대답한 것입니다.

"마지막으로 세상에서 가장 중요한 일은 무엇일까?"

예린이의 첫 번째, 두 번째 답에서 힌트를 얻은 주원이가 세 번째 질문에 답합니다.

"예수님을 좋아하는 것이 가장 중요한 일이야."

저는 톨스토이의 대답보다 아이들의 대답이 하나님 앞에서 더 귀한 고백이라고 생각합니다. 우리 인생에서 예수님을 만나는 것보다 더 급하고 중요한 일이 어디 있을까요?

5분 후에 죽는다면 지금 내게 가장 중요한 일은 예수님을 주님으로 고백하고 천국에 가는 것입니다.

Book 《우유통 속에 빠진 개구리》를 읽고

작은 연못에 덩치개구리, 먹보개구리, 끈기개구리가 살았습니다. 작은 연못에 싫증을 느낀 세 친구는 모험을 떠났다가 커다란 우유통 속에 빠지게 됩니다.

덩치개구리와 먹보개구리는 통 속에서 죽게 되었다면서 울기만 합니다. 그러나 끈기개구리는 "포기하지 마. 반드시 여기서 빠져나갈 수 있어"라고 외치며 열심히 헤엄을 칩니다.

결국 두 친구의 눈물이 소금 역할을 하고, 뜨거운 햇빛 아래에서 끈기개구리가 열심히 헤엄친 결과 우유는 버터가 됩니다. 끈기개구리는 그 버터를 딛고 펄쩍 뛰어올라 우유통 속에서 나옵니다. 그러나 먹보개구리와 덩치개구리는 통 속에서 죽어버립니다. 두 친구의 무덤 앞에서 끈기개구리가 말합니다.

"인생의 끝은 실패했을 때가 아니라 포기했을 때다."

이 내용이 예린이에게 무척 인상 깊었나 봅니다. 여러 번 책을 읽더니 말했습니다.

"엄마, 난 끈기개구리처럼 포기하지 않을 거야. 의사가 되어서 엄마랑 꼭 아프리카에 갈 거야."

"그래, 꼭 같이 가자. 그런데 인생의 끝은 예수님을 만나지 못하고 죽는 거란다."

포기하지 않고 열심히 사는 것도 좋지만 그 열심이 무엇을 위한 것인지가 중요합니다. 저도 끈기개구리처럼 열심히 공부했고, 일했지만 예수님 없는 열심은 허무와 공허밖에 없었습니다.

그 열심은 또 다른 목마름을 가져오며 채워지지 않는 갈증만 가져옵니다.

나를 위한 열심이 아닌 하나님을 향한 열심으로 그 나라를 꿈꾸며 열심히 살아가는 아이들이 되길 소망합니다.

● 책으로 배우는 수학

저는 수능으로 입시제도가 바뀌면서 성적이 곤두박질치는 경험을 했습니다. 당시에는 바뀐 입시제도 때문에 교육정책을 원망하기도 했지요. 그러나 입시제도가 아니라 제게 기초가 없었던 것이 문제였습니다. 정말 실력을 갖춘 사람은 유형이 바뀌더라도 요동하지 않을 테니까요.

제 경험이 아이들에게 기초를 쌓아주자는 신념을 만들었고, 꾸준히 책을 읽어줄 수 있는 동기가 되었습니다. '책을 많이 읽어준다고 수학을 잘할 수 있을까'에 대해서는 저도 가본 길이 아니기 때문에 확신이 없었습니다. 그리고 별 기대감도 없었지요. '나중에 초등학교에 들어가면 배우겠지'라고 막연히 생각했습니다.

지금 어린이집에서는 수학을 따로 가르치지 않기 때문에 아이들이 수를 접할 기회는 책이 전부입니다. 그런데 두 아이 모두 6세에 접어들면서부터 자연스럽게 수를 터득하게 되었지요.

덧셈과 뺄셈을 스스로 터득하는 모습을 보면서 책 읽기의 힘이 새삼 놀라웠습니다. 유난히 수를 좋아하는 주원이는 억이나 조 단위의 수나 무한의 수에까지 관심을 보입니다.

제가 아이들과 읽었던 수과학동화가 결국은 아이들의 수 기초를 쌓아준 것입니다. 최근에 유행하는 사고력 수학이나 스토리텔링 수학도 따지고 보면 책을 많이 읽어야 잘할 수 있습니다.

예전의 단순암기식 수학에서 앞으로는 점점 더 사고력과 창의력을 요하는 제도로 바뀔 것입니다. 입시유형이 바뀔 때마다 입시유형에 맞는 학원에 보내는 것이 아니라 변하지 않는 지식의 기초를 쌓아주는 것이야말로 진정한 공부라고 생각합니다.

저는 아이들에게 배움은 지겨운 것이 아니라 즐겁다는 인식을 심어주고 싶습니다. 지금 엄마와 즐겁게 읽어가는 책이 튼튼한 기초가 되길 소망합니다.

설사 아이들이 앞으로 수학을 못해도 괜찮습니다. 하나님께서 주신 달란트를 찾아가는 일이 수학보다 더 중요하기 때문입니다.

● **책으로 배우는 과학**

저는 학교에서 배우는 것들이 재미있다고 느낀 적이 거의 없었습니다. 지겨운 공부를 억지로 하다 보니 스트레스도 많았고, 지옥 같은 입시를 치렀습니다. 물론 예수님과 함께하지 않은 학창시절이었기에 더욱 그랬겠지요.

특히 생물이나 지구과학, 화학은 정말 재미없는 과목들이었습니다. 암기할 것들이 왜 그리도 많았는지요. 그러나 지금은 거의 기억에 남아있지 않습니다.

요즘은 재미있는 동화책으로 과학을 접할 수 있다는 것이 신기할 뿐입니다. 특히 예린이는 인체와 질병에 관심이 많다 보니 생물학적 지식이 풍부합니다.

우리가 감기에 걸렸을 때 백혈구의 역할과 다쳐서 피가 났을 때 혈소판의 역할, 적혈구가 산소를 나르는 등의 지식을 이미 5세부터 쌓기 시작하여 지금은 인체의 구조를 대략적으로 파악하고 있습니다.

제가 변비로 가끔 고생하면 예린이가 조언해줍니다.

"엄마, 내가 김치를 많이 먹으라고 했잖아!"

"예린아, 변비랑 김치가 무슨 상관인데?"

"김치에 유산균이 많단 말이야."

"아하! 그렇구나. 앞으로는 많이 먹을게."

아이들이 인체에 대해 많이 알고 있으니 제가 그걸 역이용하기도 합니다. 둘 다 먹는 걸 좋아하고, 양치하는 걸 싫어합니다. 양치하고 나서 먹는 과일이나 간식은 맛이 없기 때문입니다. 그런데 양치를 하지 않아서 이에 충치가 생겼다는 내용의 책을 읽고 나서는 안 할 수가 없는 것입니다.

"예린아, 치카를 안 하면 이에 뮤탄스균이 응가할 텐데 어떡하지? 뮤탄스균이 산을 만들어서 이에 구멍이 날 텐데?"

"으앙~ 싫어. 나 치카할 거야."

세균이 생생하게 그려진 책을 읽은 이후에 그 잔상이 강하게 남아서인지 그 이야기만 해도 순순히 양치를 합니다.

한번은 주원이가 아빠한테 혼나고 삐친 다음에 재미있는 말을 했습니다.
"주원아, 왜 그래?"
"엄마는 아무래도 아이를 잘못 낳은 것 같아."
"엄마가 왜?"
"떼쓰고 말 안 듣는 아들을 낳았잖아."
"주원이 점점 좋아지고 있어. 괜찮아."
"엄마, 아무래도 정자가 잘못된 것 같아."
"정자가 왜? 난자는 괜찮고?"
"난자는 괜찮은데 정자가 잘못 들어왔어."
저는 아이의 이야기에 무척 놀랐지만 아무렇지도 않은 척하며 이야기를 들어주었습니다. 떼쓰고 말을 안 들어서 아빠한테 혼나고 나니 기분이 무척 안 좋았나 봅니다.

아빠한테 혼나고 나니 괜히 아빠에게서 나온 정자, 즉 아빠의 유전자 때문에 자신이 떼쓰는 아이로 나왔다고 생각한 것이지요. 저는 주원이는 하나님의 걸작품이고 잘못 낳은 게 아니라고 잘 설명해주었습니다.

만 권 독서의 힘

 매일 꾸준히 끈기개구리처럼 포기하지 않고 읽은 책이 어느새 만 3천 권이 되었습니다. 그동안 독서를 통해 제가 상상할 수도 없었던 많은 것들을 아이들과 함께 습득하게 되었습니다.

 첫째, 아이들과 매일 책을 읽으면서 집중력을 기르게 되었습니다. 아이의 성향에 따라 하루 한 권부터 시작해서 권수를 늘리면 좋습니다. 책을 싫어하는 아이라면 간식시간을 이용해서 책을 읽어주면 간식 먹는 동안은 집중할 것입니다.
 둘째, 매일 책을 읽으면 책 읽는 습관을 가질 수 있습니다. 안중근 의사가 '하루라도 책을 읽지 않으면 입안에 가시가 돋는다'는 유명한 말을 남겼는데 아이들도 습관이 되니까 여행을 가도 책을 찾았습니다. 저는 여행은 쉬는 것이라고 여겨서 당연히 책을 가져가지 않았는데 두 아이 모두 책을 읽고 싶다면서 집에 가자고 했습니다. 그 다음부터는 여행을 갈 때도 꼭 책을 챙겨갑니다.
 셋째, 아이들에게 생각할 수 있는 힘인 사고력을 키워줄 수 있습니다. 사고력은 이치에 맞게 생각하고 판단하는 힘을 말합니다.
 얼마 전 사막화로 인한 문제를 다룬 책을 함께 읽었습니다. 그 원인 중 하나는 '거대한 산이 다습한 공기를 사막으로 보내주지 못해서'라는 내용을 읽고 있는데 갑자기 주원이가 말했습니다.

"엄마, 산을 부수면 되지 않아?"

저도 처음에는 주원이의 엉뚱한 말을 이해하지 못했습니다.

"산을 왜 부숴야 되는데?"

"그럼 사막에 비가 내릴 수 있으니까."

"아, 그런 방법이 있었구나!"

조금 엉뚱한 발상이지만 사막화로 인한 문제를 나름대로 해결해 보려고 내놓은 대책이었습니다. 이것 외에도 아이들의 말에 깜짝 놀랄 때가 종종 있습니다. 특히 주원이는 어린이집에서도 책에서 읽은 지식을 많이 이야기해서 선생님도 놀랄 때가 많았다고 합니다. 한번은 신혼여행을 가는 선생님에게 하와이는 활화산이 많으니까 가면 안 된다고 했다고 합니다.

넷째, 엄마의 품에서 동화책을 읽으면 엄마와 친밀감을 누릴 수 있습니다. 저는 아이들이 연년생이라 두 돌, 세 돌 된 아이들을 한쪽 무릎씩 앉혀서 책을 읽어주었습니다. 아이들은 길게는 1시간씩 엄마 품에 있는 게 좋은지 꼼짝하지 않고 잘 들었습니다. 어릴수록 책 읽는 습관을 들이기에 좋습니다.

나섯째, 주입식으로 배우는 지식이 아니라 원리를 스스로 터득하는 힘을 기를 수 있습니다. 아이들과 책을 읽으면서 동화책으로 원리를 터득할 수 있다는 것이 놀라울 때가 많습니다.

최근에 허리케인에 대한 책을 읽었는데, 저는 그것이 왜 일어나는지 다 잊어서 아이들이 물으면 다시 공부해서 알려줘야 했지요. 그런데 주원이가 아침에 어린이집에 가면서 먹구름이 끼어있으니 비가 올 것 같다고 했습니다.

"엄마, 이러다가 허리케인이 몰려오면 어떡하지? 아~ 환경오염시키면 안 되는데….".

"허리케인이랑 환경오염이 무슨 상관이 있어?"

"자동차 매연 때문에 온실가스가 많아지고 지구가 더워지잖아. 그럼 허리케인이 더 커진단 말이야."

아이가 환경오염과 자연재해가 밀접한 연관이 있다는 원리를 터득한 것입니다. 아이들이 어린이집에 갈 때도 자동차 매연 때문에 걸어가자고 하는데 제가 게을러서 그렇게 못하는 게 부끄러울 따름입니다.

여섯째, 넓은 세상의 다양한 나라와 다양한 인간에 대한 이해를 할 수 있습니다. 아이들이 실제로 경험하는 곳은 가정과 어린이집에 국한되어 있습니다. 그러나 책 속에는 다양한 문화를 가진 사람들이 등장합니다.

저는 특히 장애를 가진 사람에 대한 책을 읽을 때면 "장애인은 몸이 조금 불편할 뿐이니 차별하거나 놀려서는 안 돼"라고 가르칩니다. 장애를 딛고 일어선 훌륭한 위인들에 대한 책을 읽으면 함께 박수를 치며 감동을 받기도 합니다.

청각장애에도 불구하고 위대한 음악가가 된 베토벤이나 전신마비의 장애를 딛고 세계적인 우주과학자가 된 스티븐 호킹에 대한 책은 어린아이들에게도 많은 도전과 감동을 줍니다.

스마트폰은 안 돼요

21세기는 그야말로 IT 혁명이라는 거대한 디지털 혁명의 물결이 세상을 바꾸어나가고 있습니다. 이 혁명의 선장 역할을 한 사람을 꼽으라면 스티브 잡스와 빌 게이츠를 말할 수 있지요.

그러면 빌 게이츠는 자신의 아이들에게 인터넷을 마음껏 사용하도록 했을까요? 그는 큰딸이 10세쯤, 하루 2~3시간씩 비바피나타(Viva Pinata) 게임을 즐기는 등 중독 증세를 나타내자 딸의 컴퓨터 이용 시간을 하루 45분 이내로 제한하는 '컴퓨터와의 전쟁'에 뛰어들었다고 합니다.

애플 창업자인 고(故) 스티브 잡스도 자녀의 컴퓨터와 모바일 기기 사용을 엄격하게 제한했던 것으로 알려져 있습니다. 2010년 말에 애플에서 아이패드가 처음 출시되던 때, 잡스는 한 기자에게서 "아이들이 아이패드를 좋아하느냐?"라는 질문을 받았습니다. 그는

"아이들은 써본 적이 없다"라고 딱 잘라 답했지요.

아버지로서 스티브 잡스는 저녁시간이 되면 아이들과 식탁에 앉아 책과 역사 등 다양한 주제를 가지고 이야기를 나눴다고 합니다. 첨단 기술로 만들어진 전자기기를 가지고 노는 대신 다양한 주제를 생각할 수 있도록 아이들과 토론을 즐겼던 것이지요.

잡스의 자녀들은 휴대폰 대신 책을 읽었는데 대한민국의 아이들은 그것에 중독되어 가고 있습니다. 어느 식당에 가도 스마트폰을 들여다보고 있는 아이들을 흔히 볼 수 있지요. 자녀들이 조용하기를 바랄 때 부모가 스마트폰을 쥐어주는 것입니다.

유아기 아이들이 떼를 쓸 때 가장 달래기 좋은 방법이 스마트폰을 주는 것이 되었지요. 하지만 당장 달랠 수는 있지만 아이의 뇌 발달에 방해가 되고, 뇌가 손상될 수도 있기 때문에 유아의 스마트폰 사용은 반드시 제한되어야 합니다.

미국 실리콘밸리에 있는 발도르프 학교는 학부모의 절반이 실리콘밸리 정보기술업계의 임직원이라고 합니다. 그런데 애플과 구글 등 세계 디지털 혁명을 주도하는 그곳의 컴퓨터 기술자들은 자녀를 컴퓨터 없는 학교에 보내고 있다고 합니다.

공부해서 남 줘야 해

예수님을 만나기 전의 제 삶은 무척 이기적이었습니다. 목적을 위해서는 수단과 방법을 가리지 않았지요. 공부를 하는 목적도 의사에 대한 복수와 제 성공을 위해서였습니다.

더이상 아무도 나를 무시하지 않고 함부로 할 수 없도록 만들겠다며 이를 갈면서 공부를 했습니다. 그 삶에는 기쁨도 없고 오직 공허함과 절망만이 있을 뿐이었지요. 1등을 해도 기쁨은 잠시뿐이었고, 더 큰 목표를 향해 달려가는 불쌍한 인생이었습니다.

중고등학교 시절, 쉬는 시간에도 공부를 하고 있으면 이런 말을 듣곤 했습니다.

"효진아, 너 너무 무섭게 공부한다."

당시 정신과 치료를 받았으면 강박증이 있다고 진단이 나왔을 겁니다. 대학 때는 우수한 성적을 위해서 컨닝도 했지만 죄책감조차 없었습니다. 대학원에 다닐 때도 저는 1등을 하기 위해 남들이 해오는 과제와 비교도 안 될 정도로 멋지게 발표를 하곤 했지요. 하루는 학과 친구들이 이런 제안을 했습니다.

"우리가 숙제를 못했는데 다 같이 내지 말고 교수님께 시간을 더 달라고 하면 어떨까?"

모두들 입을 맞추고 제게 제안했지만 저는 생각할 여지도 없이 싫다고 말했습니다.

> 내 백성이 두 가지 악을 행하였나니
> 곧 그들이 생수의 근원되는 나를 버린 것과
> 스스로 웅덩이를 판 것인데
> 그것은 그 물을 가두지 못할 터진 웅덩이들이니라
>
> 렘 2:13

이 말씀을 읽으면서 꼭 제게 하시는 말씀 같았습니다. 두 가지 악이 제 안에 다 있었습니다. 제가 성공을 위해 달려간 것은 터진 웅덩이를 만드는 것과 같았습니다. 제 안에는 예수님도 없고, 오직 이기적인 악만 가득했습니다.

두 가지 악은 제 안에 예수님이 오시면서 해결되었습니다. 생수의 근원이신 그분이 오시니 터진 웅덩이가 메워졌습니다. 제 부끄러운 지난 삶만은 아이들에게 물려주고 싶지 않습니다. 아이들의 마음 가운데 예수님이 계시길, 그분이 아이의 삶을 이타적인 삶으로 이끄시길 바랍니다.

> 영생은 곧 유일하신 참 하나님과
> 그가 보내신 자 예수 그리스도를 아는 것이니이다

> 아버지께서 내(예린,주원)게 하라고 주신 일을
> 내(예린,주원)가 이루어
> 아버지를 이 세상에서 영화롭게 하였사오니
> 요 17:3,4

  나만을 위해 공부하는 것이 아니라 남을 위해 공부하는 아름다운 삶을 사는 아이들이 되길 바랍니다. 그것이 하나님을 영화롭게 하는 일이기 때문입니다.

  저는 공부를 해야 되는 이유에 대해서도 가끔 설명해줍니다. 의사가 되고 싶어 하는 예린이에게는 왜 의사가 되어야 하는지 알려줍니다. 그것은 하나님을 영화롭게 하기 위함입니다.

  의사는 이웃을 사랑하고 섬길 수 있는 아주 좋은 직업입니다. 예린이는 "가난한 아프리카 친구들을 치료해주기 위해서" 의사가 되겠다고 합니다. 현재진행형인 꿈이고, 앞으로 하나님께서 아이를 어떻게 이끄실지 아무도 모릅니다.

  다만 무슨 일을 하든지 그 일을 통해 하나님을 기쁘시게 하고 그분을 영화롭게 해야 한다고 가르칩니다. 우리가 공부를 해야 되는 이유는 남을 위해서라고 말입니다.

공부가 다는 아니다

우리는 '공부가 전부다'라고 생각하는 시대를 살고 있습니다. 공부를 잘하는 아이와 부모는 기가 살고, 공부를 못하는 아이와 부모는 기가 죽습니다.

공부 잘하는 아이들로 키우기 위해 사교육비는 매년 오르고 있습니다. 2016년 사교육비는 사상 최대인 18조 1,000억 원이었고, 계속 늘어가고 있습니다. 마치 거대한 블랙홀과 같습니다.

모든 아이들이 공부를 잘할 수는 없습니다. 그렇기 때문에 내 아이에게 주신 달란트를 찾는 것이 더 중요합니다. 하나님께서 우리 모두에게 주신 달란트와 직임이 있습니다.

> 이 무리의 큰 자나 작은 자나 스승이나 제자를 막론하고
> 다같이 제비 뽑아 직임을 얻었으니
> 대상 25:8

초등기와 청소년기는 하나님께서 각자에게 주신 재능과 달란트를 찾고 그것을 발전시켜나가는 시기입니다. 물론 뒤늦게 재능을 발견하는 사람들도 있긴 합니다.

한 분류에 의하면 직업군은 과학, 경제, 교육, 정치, 문화예술, 가

정, 매스컴, 종교의 8가지 영역으로 나뉜다고 합니다. 저는 8가지 영역 중에서 문화예술 분야의 직임을 하나님께 받았습니다. 제게 인테리어디자인을 할 수 있는 재능을 주셨는데, 그것도 모르고 복수심에 불타서 의사가 되려고 했었지요.

만약 제가 의대에 갔다면 중도에 포기했을 것입니다. 저는 겁이 많고 피를 무서워합니다. 지금도 주삿바늘이 무서우니 어떻게 의사가 될 수 있을까요?

고등학교 2학년 때 수능으로 입시제도가 바뀌었을 당시에는 하나님을 무척 원망했습니다. '의사가 되어보겠다고 열심히 공부하는 내게 왜 이런 일이 일어난 거야?'라며 불평이 가득했지요.

하지만 돌이켜보면 감사합니다. 하나님께서 의사의 길을 막아주신 것입니다. '나 때문에 입시제도까지 바꾸시다니!'라는 생각을 할 정도로 지금은 수능 때문에 성적이 떨어진 것이 무척 감사합니다. 저는 지금 하고 있는 일이 무척 재미있고 즐겁습니다.

남편은 저를 즐겁게 일하는 사람이라고 말해줍니다.

"수동적으로 일하는 사람은 적극적으로 일하는 사람을 당할 수 없고, 적극적으로 일하는 사람은 웃으며 일하는 사람을 당할 수 없고, 웃으며 일하는 사람은 즐겁게 일하는 사람을 당할 수 없다'는 말이 있어요. 당신이 인테리어 분야에서 성공할 수 있었던 건 즐겁게 일하기 때문이에요."

모든 부모들이 아이들에게 공부를 강요하기보다는 평생 즐겁게 일할 수 있는 직임을 찾아준다면 얼마나 좋을까요? 그것은 우리의 힘과 능력으로 되지 않기에 저도 아이들의 진로를 하나님께 맡기고 인도해주시길 기도하고 있습니다.

> 마음의 경영은 사람에게 있어도
> 말의 응답은 여호와께로부터 나오느니라…
> 너의 행사를 여호와께 맡기라
> 그리하면 네가 경영하는 것이 이루어지리라
>
> 잠 16:1,3

세상에서 제일 예쁜 엄마

초판 1쇄 발행	2017년 6월 5일
초판 4쇄 발행	2017년 7월 24일
지은이	이효진
펴낸이	여진구
책임편집	김아진
편집	안수경, 이영주, 최현수, 서용연
책임디자인	마영애, 노지현 ǀ 이혜영
기획·홍보	김영하
마케팅	김상순, 강성민, 허병용
제작	조영석, 정도봉
해외저작권	기은혜
마케팅지원	최영배, 정나영
경영지원	김혜경, 김경희
이슬비전도학교	최경식
303비전장학회 & 303비전꿈나무장학회	어운학
303비전성경암송학교	박정숙
펴낸곳	규장

주소 06770 서울시 서초구 매헌로 16길 20(양재2동) 규장선교센터
전화 02)578-0003   팩스 02)578-7332
이메일 kyujang0691@gmail.com   홈페이지 www.kyujang.com
트위터 twitter.com/_kyujang   페이스북 facebook.com/kyujangbook
등록일 1978.8.14. 제1-22

ⓒ 저자와의 협약 아래 인지는 생략되었습니다.
이 출판물은 저작권법에 의해 보호를 받는 저작물이므로 무단 전재와 무단 복제를 할 수 없습니다.

책값 뒤표지에 있습니다.
ISBN 978-89-6097-499-9 03230

규 ǀ 장 ǀ 수 ǀ 칙

1. 기도로 기획하고 기도로 제작한다.
2. 오직 그리스도의 성품을 사모하는 독자가 원하고 필요로 하는 책만을 출판한다.
3. 한 활자 한 문장에 온 정성을 쏟는다.
4. 성실과 정확을 생명으로 삼고 일한다.
5. 긍정적이며 적극적인 신앙과 신행일치에의 안내자의 사명을 다한다.
6. 충고와 조언을 항상 감사로 경청한다.
7. 지상목표는 문서선교에 있다.

하나님을 사랑하는 자 곧 그의 뜻대로 부르심을 입은 자들에게는 모든 것이 合力하여 善을 이루느니라(롬 8:28)

규장은 문서를 통해 복음전파와 신앙교육에 주력하는 국제적 출판사들의 협의체인 복음주의출판협회(E.C.P.A:Evangelical Christian Publishers Association)의 출판정신에 동참하는 회원(Associate Member)입니다.